ПЕСОЧНЫЙ

ЗАМОК

Виктор Кнейб

ПЕСОЧНЫЙ ЗАМОК

«Толи сказка, толи быль -

толи камень, толи пыль,

есть в ней правда, есть и ложь

что ты ишешь, то найдёшь!»

Глава 1
Лика

Impressum

© 2013 Viktor Kneib

Herstellung und Verlag:
BoD - Books on Demand,
Norderstedt

ISBN: **9783732238095**

Idee: Viktor Kneib
Cover: Aus Privatbesitz des Autors. Bildrechte vorhanden.
Cover- Elemente:
 evgenyatamanenko, Aleksandar Mijatovic, xiangdong Li

Об авторе.
****

Родился 23 сентября 1956 году в Алтайском крае, в небольшой деревеньке под названием Огни. Мать была простой дояркой, отец –кузнецом.

В 1958 году родители переезжают в более тёплые края и поселяются в посёлке Киргили, расположенном в живописной Ферганской долине. Здесь проходят мои детские и юношеские годы. После окончания десятилетки, поступил в Ферганский политехнический Институт, на факультет ПГС.

По окончании института, было предложено место ассистента при кафедре Строительные конструкции. Моя учительская деятельность оказалась не долгой, и если добавить сюда службу в Армии (1,5 года), через три года был вынужден покинуть стены, ставшего мне столь родным учебного заведения. Причина была только одна, жилищный вопрос, решить который я мог гораздо быстрее, работая в одной из строительных организаций.

Так я попал в один из отделов Строительного треста, а затем и вовсе ушёл на линию. Работал мастером, прорабом, начальником участка. На этом мой послужной список заканчивается и начинается новый.

В 1991 году перезжаю вместе со всей семьёй на постоянное место жительство в Германию.

Продолжить свою трудовую деятельность на немецких стройках, не получилось. Не так то просто, найти подходящее к моей профессии, место. Но мне повезло и я после окончания двух полугодичных «Шпрахкурсов», был принят конструктором в проектной фирме в городе Хайдельберге, где и работаю по настоящее время.

Писательской деятельностью, более серьёзно начал заниматься уже здесь в Германии. До этого писал в основном только стихи. За это время успел заработать, неофициально конечно, титул семейного поэта. Писал в основном «датские стихи» - стихотворения посвящённые определённым знаменательным датам, как в кругу родственников, так и друзей. Непоследнюю роль в моей писательской деятельности сыграла и расширяющаяся сеть интернета. После нескольких советов другим, по поводу того или иного произведения, решил попробывать и сам.

Что из всего этого получилось, решать вам. Моё первое произведение лежит перед вами. За ним последуют и другие, но уже с более фантастическим уклоном.

Надеюсь, что время, проведённое за чтением моих рассказов, будет потрачено вами не зря.

С пожеланием всех благ и здоровья
и с моим глубочайшим уважением к вам,
мои дорогие читатели – Виктор Кнейб.

28.04.2013 Hanhofen – Германия

PS. При желании можете написать свой отзыв по следующему адресу:
www.viktor.kneib@mail.ru

Оглавление

Книга 1   **ПЕСОЧНЫЙ ЗАМОК**

Глава 1	Лика	9
Глава 2	Сима	24
Глава 3	Встреча	37
Глава 4	Выпускной бал	51
Глава 5	Капитанская дочка	71
Глава 6	Прощальное послание ...	77

Книга 2   **ПРИЗРАЧНЫЙ ЗАМОК**

Глава 1	Случайность	84
Глава 2	Загадай желание	88
Глава 3	По имени и отчеству	102
Глава 4	Бумеранг	108
Глава 5	Тамара	111
Глава 6	Подруги	120
Глава 7	Неразрешимый вопрос...	123
Глава 8	Боец невидимого фронта ...	128
Глава 9	Возвращение бумеранга ...	137
Глава 10	Кто ты?	148
Глава 11	Ялтинская конференция ...	155
Глава 12	Свадьба	161
Глава 13	Трон королевы	169
Эпилог	Жизнь продолжается	178

Я проснулся как обычно, за пять минут до звонка будильника. Всё тело было ещё во власти сна, и только где-то там, в глубине души, пока ещё очень смутно, стали проявляться первые признаки осознания реальности.

Мои губы невольно расползлись в довольной улыбке.

- Хорошо-то как, - подумал я, ещё не совсем осознавая причины своей радости.

В комнате царила полнейшая тишина, если не учитывать тиканье стареньких настенных часов. Я сладко потянулся, как бы пытаясь освободиться от власти ночных грёз, и только теперь заметил, что мои губы до сих пор не могут стряхнуть этой самодовольной улыбки.

- Хорошо.... Хорошо-то хорошо, но пора и честь знать. Сегодня такой чудесный день...

Лика!?.... Сегодня обещала приехать Лика.

Странно, а почему я до сих пор зову её этим детским именем «Лика». Как же это было всё давно, очень давно. Тот день их первой встречи. Тот день, когда он впервые услыхал это имя...

* * * * *

«Лика! Сейчас же отойди от песочницы, а то не дай бог испачкаешь своё новенькое, красивое платьице!»

Этот властный женский голос, отвлёк мальчика, возившегося в песочнице, и заставил на некоторое время оторваться от его великого творения. И этот мальчик был он. Он строил замок. Настоящий замок, с башенками, с зубчатой оградой, с глубоким рвом и мостиками. Осталось только закончить главную башню и водрузить над ней знамя. Как оно будут выглядеть и из чего он его сделает, он пока не думал. Главное закончить сооружение башни. И тогда у него будет свой настоящий замок. Замок его мечты, который увидел он однажды в красочной книге сказок. Но там всё было нарисованным, хоть и красиво, но всё-же это была только картинка.

А этот был действительно настоящим. По крайней мере песок, из которого он его лепил, был настоящим.

Прохожие, проходившие мимо, на некоторое время останавливались, улыбались, и что-то бормоча себе под нос, спешили дальше. А один даже остановился и постояв немного рядом, восторженно воскликнул: «Да ты просто волшебник! Соорудил целый дворец, в такой крохотной песочнице. Ну, прямо как в сказке. Только жизнь вот не сказка. И всё-таки она прекрасна! Прекрасна, ещё и потому, что у нас такие замечательные детки. Молодец мальчик. Спасибо тебе за этот сказочный замок». И улыбнувшись ему напоследок ещё раз, кивнул головой и заспешил дальше.

«А спасибо то за что? – подумал тогда он. Он ведь ничего особенного не сделал. Но всё равно это было приятно. День был чудесным и всё кругом казалось наполнено радостью и светом. - Да! Жизнь действительно прекрасна! И всё-таки.... Если она такая прекрасная, куда все так спешат и торопятся? За счастьем, наверное?»

Но до конца ответить на этот вопрос он так и не смог, ибо в этот миг он увидел нечто поважней... Эта девочка.

То, что он увидел, было действительно сказкой. В ярком нарядном платьишке, с большим бантом на голове и красивыми новенькими туфельками.

«А вот и принцесса пожаловала полюбоваться моим замком.»

Увидев эту красивую девочку, он поднялся с колен, улыбнулся ей, потом посмотрел себе под ноги, на свои испачканные руки и грязные штаны, и ему стало как-то неловко и стыдно за себя. Не зная, что сказать, он так бы и стоял и улыбался этой принцессе. Но той почему-то было не до улыбок. Она взглянула пристально ему в глаза, и, сжав свои прекрасные губки, решительно зашагала в сторону песочницы.

Он застыл весь в напряжённом ожидании, и уже начал обдумывать, что скажет ей сейчас, и надо ли ему протянуть ей руку для приветствия, как его всегда учили взрослые, но, глянув на свои руки, ещё больше смутился и спрятал их за спину. А она, прошла мимо него и....от его прекрасного творения не осталось и следа. Она растоптала его, со словами: «Это плохой и неправильный замок. И жить в нём нельзя. Это ведь только песок. Вот видишь, как он быстро сломался. У меня сегодня праздник, а ты взял и всё испортил».

Потом выскочила из песочницы и, с уже испачканными новенькими туфельками, побежала с рёвом к своей маме. А он стоял у края песочницы, с улыбкой на губах и со слезами на глазах и смотрел вслед этой девочке и ничего не мог понять.

Какой праздник, и как он мог его испортить, такой красивой девочке?

А мимо всё так же спешили прохожие, и уже никто не смотрел с улыбкой на этого «маленького волшебника». Зато с пониманием и сочувствием поглядывали на эту красиво одетую, но почему-то плачущую девочку, показывающую рукой в сторону песочницы. Повернув головы в направлении руки, выражение их лиц тут же менялось, и не требовалось много ума, чтобы понять чего оно означало.

«Ух! Эти пацаны – сорванцы. Всё им неймётся, такую красивую девочку обидел. И куда только родители смотрят. Драть таких надо. Ах! Да что там говорить! Хулиганьё сплошь и рядом» И вновь, как бы очнувшись, спешили дальше, но уже с совершенно другим настроением.

Нет, жизнь не сказка, и кто-то это очень скоро почувствует. И понесут они эту волну раздражённости и злобы дальше. Пока не столкнутся с другой, волной, подаренной песочным замком, этим чудным творением маленького мальчика. И тут уж кто кого. Но никто и никогда из них не подумает о том, как часто мы попадаемся под власть таких вот случайных и, казалось, совершенно невзаимосвязанных событий.

Песочный замок....и плачущая девочка.

И для одних этот день продолжится с улыбкой на губах и с мыслями о том, какие у нас всё-таки чудные дети. Для других... но о других уж лучше не думать. О других.....

Да и вообще , причём тут другие, ведь каждый из нас в первую очередь думает только о себе, а не о других. И потом..., кто нам дал такое право думать о других и судить их жизнь. Тут бы со своею собственной разобраться...

****

Дремотное состояние снова набирало силу и постепенно всё сильнее и сильнее овладевало телом.... Песочный замок и эти волны.... и эти люди и......

Пип,......пип-пип,.... пип-пип-пип, пи-пи-пи-пи...ПИ-ПИ-ПИ-ПИ..... Настойчиво и упорно включился в игру будильник.

«Ах ты! Да я тебя сейчас в окно.... Хотя, стоп.... Пора действительно вставать. Извини друг, погорячился. Спасибо, что не дал уснуть. Молодчина. Ведь сегодня такой день.... Лика приезжает.»

Я приоткрыл глаза, и на какой-то миг почувствовал, что я не совсем один. Вернее сказать, я превратился в две половинки. Одна тянула меня назад, в тёплую постель, уговаривая ещё чуть-чуть полежать и помечтать, и вдоволь насладиться этим моментом. Мне было так хорошо на душе, будто я поймал птицу счастья и крепко держу её в руках, но стоит только шелохнуться, как она улетит, выпорхнет из моих рук.

Другая, с её чисто физиологическими потребностями, сорвала с моего тела, такое тёплое и нежное одеяло и погнала, насколько это возможно было быстренько туда, куда обычно царь пешком ходит. Ну что ж и это надо.

Ну, а теперь пора и себя в порядок привести да и в доме прибраться. Хотя чего тут прибираться. Мебели не густо. Гардероб спартанский. Всё только необходимое.

Последний взгляд в зеркало.

Ах! Какой мужчина! Усы как у гусара. Ну, не совсем, но весьма прилично смотрятся на его, знакомом ему с детства, лице. Он попытался ещё разок повлиять на его выражение, и посмотреть как-то серьёзнее, солиднее, но ничего не вышло.

Первыми не выдержали губы и опять разъехались в этой самодовольной улыбке.

Эх, как был дитя, так и остался. Никакой солидности. Ну и пусть. Зато у него сегодня праздник. Наконец и он дождался этого дня.

Лика!? Странно. А почему до сих пор он зовёт её этим детским именем. Первое время он пытался сам определить его происхождение. И для себя он тогда решил, что имя Лика получилось от слияния двух имён - Лиля и Вика. Цветок и победа. А оказалось проще. Анжелика. Какое красивое имя! Анжела. Анжелика короля ангелов. Хм. Интересно. А кто король? Если король я, то где-ж мой замок?

Тот первый, песочный не прошёл по конкурсу, но своё дело сделал. Он привлёк внимание прохожих, которое до этого целиком и полностью принадлежало этой красивой девочке. Бедненькая. Не выдержала конкуренции.
Хотя о какой тут конкуренции может быть речь. Всего лишь одно её только слово, и он бы и сам с большим удовольствием... ну, может и не совсем с большим...

А жаль. Такой красивый замок мог бы получиться.

Эх, Лика, Лика. Если бы ты тогда знала, как мрачно и безрадостно закончился этот день для меня. Это была любовь с первого взгляда.

Любовь!?

Ну о какой тут любви может идти речь. Ребёнок был совсем. Хотя если подумать об этом серьёзнее... Для меня это был конец света. Но время - лучший лекарь. Погоревал немного и успокоился. И на этом всё и закончилось бы, но...

Но... А чем же это мы будем угощать нашу принцессу?

Яблоки! Яблоки с моего сада. Есть – имеются! Стоят вон, полная чаша и радуют глаз. Одно краше другого. Такие только в моём саду растут. Хотя, и сад-то, не совсем мой. Спасибо деду, царствие ему небесное. Прекрасный сад мне в наследство оставил. А я пришёл на всё готовенькое и уже как о своём рассуждаю. Хотя, пару деревцев есть и от меня. И не только деревцев. Но вот это пусть будет для неё сюрпризом.

Итак на чём это я застрял? Яблоки, яблоки. Ох уж эти яблоки. И кто бы мог знать, что наши пути тогда опять сойдутся, я бы сказал схлеснутся. А всё из-за этих, вернее, этого яблока…

Воспоминания школьных лет вновь захватили мои мысли и увлекли за собой туда, в это счастливое детство.

Первое сентября, наш класс, ожидание первого звонка, повзрослевшие и загорелые лица одноклассников. Как это было всё интересно и здорово. Начиная новый учебный год, мы думали, что вот, теперь стали взрослыми. И будь это пятый или шестой класс, это ощущение взрослости наполняло наши детские души. Хотя в сущности своей мы были и оставались детьми.

Итак новый учебный год, все полны ожиданиями перемен, новых событий. Класс гудел, как пчелинный улей. Все спешили обменяться последними событиями прошедшего лета. И вот он долгожданный звонок, и мы неспеша разошлись по своим местам в ожидании появления нашей классной. И она не заствила себя долго ждать. Дверь отворилась и вошла она, нет не учительница. Новенькая. Лица её разглядеть сразу не удалось, так как она всё ещё смотрела в открытую дверь. Весь класс встал в напряжённом ожидании. А вот и она, наша классная, Елена Васильевна. После краткого приветсвия и разрешения нам сесть, представила нам новенькую ученицу. Это была Лика. Вид её был безупречен, и я бы сказал изысканно аккуратным. Девчонки смотрели на неё с завистью и неподдельным восхищением, а мальчики... мальчики пытались понять это явление, но всякий раз, встретившись с ней взглядом, смущённо опускали глаза. Вот так вот и встретлись мы ещё раз.

Елена Васильевна предложила ей выбрать любое свободное место, а их было несколько в нашем большом и просторном классе. Она же выбрала именно мою парту, за которой до этого, как король на троне, восседал я один.

И теперь вот она, на зависть всем пацанам и удивление всех девчонок, направлялась в мою сторону. Хотя мне от этого легче не стало. Сразу же вспомнился песочный замок. И в этот момент, как когда-то там в песочнице, я встал из-за парты и стал напряжённо ждать.

Ну, думаю, всё! Пропал. Сейчас разровняет вместе с партой. Но она, то ли не запомнила меня тогда, то ли сделала вид, что первый раз видит. Тихо так подошла к моей парте и вежливо так попросила разрешения сесть за мою парту. А я стоял как вкопанный истукан с острова Пасхи и молчал. Во рту всё пересохло, язык стал деревянным и, как будто бы, даже онемел. К жизни возвратил меня возглас Елены Васильевны.

- Сергей! Ты долго ещё будешь молчать? У тебя, кажется, спросили разрешения сесть.

Я с трудом проглотил свой язык, хотя уж его-то, я никак проглотить не мог.

- М...да! Елена Васильевна. Садитесь, пожалуйста.

Весь класс грохнул от смеха. Что было дальше? Лучше не вспоминать. Урок был сорван. Настроение у всех стало более, чем оптимистическим. Ну а меня конечно, сразу же к директору послали.

И это было только начало. Ко второму уроку, кое-как успокоились, и весь класс дружно засопел, решая контрольную по математике. Я тоже пришёл в себя и мог нормально соображать. К концу урока , я был уже почти готов с контрольной, и собирался первым сдать её нашему учителю. В математике я был король. Вернее она мне нравилась, за её логичность и простоту. И всё это, благодаря нашему учителю. Вот уж он был учитель, как говорится, от бога. И мог так преподнести материал, что каждый из нас, мог тут же претендовать на звание академика или как минимум доктора наук. Но не успел я поставить последнюю циферку в своей работе, как слышу нежный голосок нашей новенькой, моей соседки по парте.

- Я готова. Можно сдать работу?

Это просто возмутительно. Это просто неслыханная дерзость, кто это там посмел вперёд меня, короля математики, закончить работу?

Но... Было уже поздно. Вот так я стал вторым. Хотя этот факт меня вовсе и не огорчил. Ну, разве что чуть-чуть, ну самую малость. Ну, побледнел слегка. Ну, с кем не бывает. Да и потом. Это же ведь совершенно случайно. Ничего-ничего. Просто в следующий раз не буду по мелочам отвлекаться. А то подумаешь, принцесса какая рядом сидит.

Последним был урок рисования. И было у нас задание на лето, нарисовать на свой выбор какой-нибудь фрукт или овощ. И тут же, ни на минуту не задумываясь, я решил, что это будет яблоко.

Целый день старался. И получилось. Ну прямо, как живое. Всё. Пятёрка с плюсом, была мне обеспечена. Вот теперь и посмотрим, кто в доме хозяин? Хоть я и прекрасно понимал тогда, что об этом задании она могла и не знать и это не совсем будет чесно, но всё-таки. Осознание этого факта, что у меня появился шанс весьма легко заполучить победу, придало мне силы и уверености в моём превосходстве. Ну, а ей, как новенькой, простят на первый раз. Тогда и посмотрим, кто тут самый лучший?

Прозвучал звонок на урок, и я с гордо поднятой головой вошёл в класс и сел за парту. А рядом сидела она. Такая очаровательная, сказочно неземная, такая милая, ну просто умопомрачительная девочка. И действительно. Через пару минут, с моим умом начало творится что-то ненормальное. Моя горделивая спесь вмиг куда-то улетучилась, и мне стало так стыдно за столь унизительные и недостойные короля мысли. Да так стыдно, что я не помню, как это получилось, но достал свой рисунок с яблоком и отдал ей.

Просто так. Она нежно улыбнулась, достала свои карандаши и уже через две минуты из моего яблока получилась удивительно «забавная и весёлая» рожица. Мило улыбнувшись, она вернула мне его обратно. Но мне было не до улыбок. Вот тебе и яблочки.

А она спокойно достала из своей сумки рисунок с гроздью винограда. Он был настолько мастерски выполнен, что даже слюнки потекли от желания попробовать хоть одну ягодку из этой грозди. Но в тот же момент в горле всё пересохло, и единственное, что я мог тогда из себя выдавить: «Ну, ладно, посмотрим».

На следующий день, в классе только и было разговоров про виноградную кисть. О моей яблочной рожице, ни слова. Хотя девчонки иногда бросали в мою сторону ехидно самодовольные взгляды. Ну что, мол, получил?

Власть в классе постепенно, а может и враз сменилась. Наступила эра матриархата. Ребята смотрели на меня из-под лобья и требовали реванша. Что мне со всем этим делать я не знал. И теперь вот не знаю.

Опять строить песочный замок? Хотя с жильём, худо-бедно, но вопрос был решён. Вот он стоит, мой дворец. Хоть и не белокаменные палаты, но всё же дом. Теперь это мой дом, причём с хорошо ухоженным фруктовым садом и небольшим огородиком. Приданное от Деда.

Да, знатный у меня был дед. Его яблоки даже на столах в Кремле красовались. Но гордый уж слишком был и честный. Всё говорил: «Лишь добро спасёт мир». С этим вот и жил, делая людям добро. А вот умер. И кто о нём теперь вспомнит? Разве что, старики помянут добрым словом. Да и тех становится всё меньше и меньше. А те, кто помоложе и поспособней в город подались. Как и мои родители когда-то.

И вот теперь они там, а я здесь. В этой глухомани..

Эх, деда, деда! Был бы ты жив сейчас, может чего и насоветовал? Стоп, стоп, стоп. Чего это я раскис. Не я к ней, а она ко мне едет. Так что теперь я -король. И посмотрим, кто в этом доме хозяин? Время ещё есть. С продуктами вопрос решённый. И даже яблоки есть, причём свои, а не какие-нибудь с базара, или вообще из-за границы. И время как раз самое яблочное. Конец лета. Хотя и весной здесь тоже очень красиво. Всё кругом цветёт и пахнет, а яблони, как невесты, все в белом цвете стоят. Красота да и только. Ну, что ещё надо простому смертному человеку?

Ну, приедет, свожу её к речке, покажу нашу берёзку, которую ещё дед посадил. Там же под ней он и жену свою похоронил. До кладбища было слишком далеко. Вот с тех пор и ходил к ней, как на свидание. И так до конца своей жизни прожил один. Хорошо хоть сыночка успели завести, а то бы и меня здесь не было.

Умели же старые люди любить. Не то что у меня. Не любовь, а какое-то перетягивание каната. Эх Лика, Лика. Что-то у нас не так? Не могу я тебя понять. Не могу. А время то идёт, пора бы и о семье подумать. И я уже не такой молодой. Да и 26 лет это вам не шутка. Тут пора бы и детей уже иметь.

Что-то, дорогой Серёженька, мы не туда погнали. Разворачивай оглобли. И куда теперь? Как куда? Да туда-же, к нашей берёзке. Пойду, посижу. Соберусь с мыслями. И всё-таки, как было бы это здорово. Здесь всей семьёй, на природе, на свежем воздухе. Пожить лет эндак 50. Но для начала надо уговорить Лику остаться здесь. Смогу ли я перетянуть этот канат на свою сторону или так и останусь как дед, совсем один. Хотя почему один? У меня вон сад есть, и ещё кое-что для души. Иль будет лучше всё бросить и уехать за ней? И там терпеливо ждать. А чего ждать?

Ждать, пока, как этот песочный замок совсем с землёй сровняет? Ну, уж нет. В конце-то концов, я тоже имею право на нормальную, спокойную жизнь. Конечно, хотелось бы добавить семейную, но... кто его знает. Ещё не вечер. Может сегодня всё и решиться. Может она изменилась, стала другой. М-да. Свежо приданье, да верится с трудом. Ладно. Время ещё есть. Пойду, посижу у берёзки. Может чего и надумаю.

* * * * * *

Недалеко от дома, на вершине высокого холма, гордо стояла одинокая берёза. И холм этот был чем-то похож на шапку Мономаха, один край которого украшала сапфировым ожерельем небольшая речушка, с другого бока подпирал дружной зелёной стеной лес, защищавший её от ветра, ну, а третья его часть, более пологая, узкой тропинкой, словно косичкой, сбегала вниз и пряталась в деревне. Сама же деревня с высоты холма больше походила на сад, нежели на какие-либо жилые постройки. И только дымок в некоторых местах говорил о наличии здесь людей…

- Ну, здравствуй! Как ты тут одна? Скучаешь?

Погладив берёзу по её гладкому и белоснежному стволу, я вдруг невольно почувствовал, как она ожила и трепетно зашелестела листвой.

- Да ты не бойся. Не брошу я тебя. Да и дед, мне этого не простил бы - то ли прошептал, то ли подумал я и присел на скамеечке, под защитой её веток. Это стало традицией, обращаться с ней, как с живым и разумным существом. И иногда даже начинало казаться, что она понимает меня и что-то шепчет в ответ. А мысли, то ли навеенные этой берёзой, то ли видом открывшихся просторов невольно повлекли меня опять туда, в моё детство.

Я прикрыл глаза, и в этот момент в памяти, как в кино, чётко и ясно всплыли отдельные эпизоды тех дней, и моё первое появление здесь, ровно пятнадцать лет назад.

****

Я тогда впервые попал в эти края.

Родители, уступив настойчивым требованиям деда, привезли меня сюда.

В деревню, к деду. Сама по себе деревенька была небольшая, всего пару десятков дворов.

И первое, на что я обратил внимание, был этот холм и на его вершине эта стройненькая молодая берёзка. Меня, как магнитом, сразу потянуло туда, на вершину. Она казалась мне такой огромной и высокой, что поднявшись на ее вершину, я тут же увижу край земли. А это должно быть так интересно, ведь я ещё никогда в жизни не видел края земли. И не дождавшись, пока выгрузят все вещи из телеги, стрелой помчался туда, на вершину, где стояла эта одинокая берёзка.

Но не рассчитал своих сил. Я был городским мальчиком и ещё не привык к таким просторам. Не пробежав даже и трети, спотыкнулся и упал в траву, жадно хватая ртом воздух. Лёгкие были слаboваты. Через минуту меня догнал отец, поднял с земли и понёс обратно в дом. В этот день, я так и не увидел края земли.

Вдобавок ко всему, у меня начался жар. По-видимому, продуло где-то в дороге. А поздно вечером на кухне разгорелись жаркие дебаты. Мать требовала немедленно вернуться домой, пока ещё хуже не стало. Отец молчал. А дед, как мог, спокойно и терпеливо уговаривал её не делать этого. Потому, что дорога не близкая, и кто его знает, как он перенесёт этот обратный путь. Ребёнок совсем ослаб, и единственное, что ему сейчас необходимо, так это тишина и покой. Поняв, что речь идёт обо мне, я, слегка пошатываясь, пришёл на кухню и стал просить маму не делать этого. Я не хотел домой, так как еще не успел увидеть края земли. Эта последняя фраза не только не успокоила, а наоборот, ещё больше подлила масла в огонь споров. И мать, включив в бой тяжёлую артиллерию - слёзы, перешла в наступление. Она плакала и умоляла пощадить её ребёнка, и что этого она не переживёт, и что только через её труп, и т.д. и т.п.

Разрядив всю свою эмоциональную энергию, она вдруг неожиданно успокоилась и, ещё дрожащим голосом, согласилась меня оставить, но только при одном условии, что я дальше двора не выйду и буду находиться под постоянным контролем у деда. Немалую роль в принятии этого решения сыграл и ещё один фактор. Родители ехали в первый раз по путёвке на курорт в Ялту, и отказаться от такой возможности было тоже весьма неразумно. Кто его знает, когда им выпадет ещё такой счастливый случай поплескаться в Чёрном море. И так как дед не смог приехать к ним и присмотреть за внуком, то они решили завести его по пути к нему и ехать дальше.

Но кто из них тогда мог знать, что всё это так радостно начавшись, могло так печально закончиться. На следующий день, рано утром, мать заглянула в мою комнатку и, всхлипнув, ещё разок поцеловала меня в щёчку и попросила ещё раз обещать ей, что я буду во всём слушаться деда. Потом подошёл отец, потрогал мой лоб и, слегка потрепав шевелюру, сказал:

«Жар вроде спал. Будем надеяться, что все обойдётся. Береги себя и деда сынок».

Вот и всё. Через пять минут они уже тряслись в телеге, увозящей их к вокзалу. Ура! Оставили. И я сейчас же отправлюсь на этот холм, что бы увидеть край земли, а заодно, может быть, оттуда и это Чёрное море и там моих маму и папу. Но немного не рассчитал. Соскочив бойко с кровати, вдруг почувствовал, как земля закачалась под ногами и, чтобы не упасть, я сел, а потом и прилёг на кровать.

Чуть позже зашёл дед с кружкой в руке, из которой исходил какой-то незнакомый аромат.

- Вот, внучок, попей, это придаст тебе силы.

Сделав глоток этого отвара, я невольно скривил лицо, и сказал, что это не чай, и что эту гадость пить не буду.

- Ну, что ж, - ответил дед, - твоя воля. Но тогда дальше двора ты никуда не выйдешь.

Дед бил наверняка, как снайпер, и попал в точку.

- Ну, ладно, деда, не обижайся. Это я так, пошутил.

- В следующий раз, когда надумаешь пошутить, скажи, где смеяться надо, а то ведь и я могу пошутить. Мало не покажется.

И я понял, что с дедом действительно лучше не шутить, иначе не видать мне края земли, как своих ушей. А, собственно говоря, почему это ушей не видать. Бери зеркало и смотри себе, сколько душе твоей угодно.

Вот так и в этот день я не смог попасть на этот холм. Но дедовы отвары, свежий воздух и неистребимое желание поскорее увидеть этот край земли, сделали своё дело. Я быстро окреп и уже мог самостоятельно делать вылазки во дворе и даже пробраться в сад.

А вечером пришел дед и, как бы невзначай, промолвил, что собирается навестить берёзку. А то вот погода что-то балуется, может и гроза быть. Не мешало бы на это время сделать парочку подпорок для неё, так сказать на случай непогоды. Ну, и пару мужских рук тут ему не помешало бы. Ох дед! Ох и хитрец. Он же прекрасно видел, как я изо всех сил хочу туда попасть. Но, это я сейчас такой умный. А тогда я запрыгал чуть ли не до потолка, сказав, что на меня он может вполне положиться, что я уже здоров и сил у меня вон сколько много. И согнув в локте руку, показал свои, едва заметные бицепсы. Но дед и виду не подал, потрогал их и с серьёзным видом сказал только одно слово: «Годится».

Через десять минут мы были уже в пути. И я, уже умудрённый опытом, не мчался впереди, а степенно шагал рядом с дедом, неся в руках молоток и гвозди.

А солнце, тем временем, опускалось всё ниже и ниже и всё быстрее приближалось к горизонту. Надо было поторапливаться. Дед, как бы прочитав мои мысли, взглянул, примериваясь ещё раз, на солнце, потом на меня, сказал: «Успеем».

Чуть позже, достигнув вершины холма, я понял, что это оказывается и не так далеко. Края земли я так и не смог разглядеть в этот вечер, а вот Чёрное море...

С одной стороны закат солнца, а вот с другой... где-то там далеко, виднелась чёрная полоса. Наверное, это и есть Чёрное море. Но маму и папу, да и вообще, каких-либо там людей разглядеть мне так и не удалось.

- Наверное спать пошли, - сделал я для себя утешающий вывод.

- Ну, ничего, завтра днём разгляжу.

А солнце опускалось всё ниже и ниже. А Чёрное море с другой стороны становилось всё больше и больше и как будто приближалось к нам. Но всё равно, ни волн, ни каких либо кораблей, я так и не увидел. Этим временем, закончив мастерить своё нехитрое сооружение и собрав инструменты, дед стоял молча возле берёзки.

- Ну что внучок? Пошли что ли. А то, неровён час, и гроза начнётся.

Я обернулся ещё раз и увидел, как где-то там, вдали, вдруг вспыхнул свет и тут же погас.

- А вот и кораблик появился, - обрадованно подумал я.

За ним последовал ещё один всплеск света, поярче и, как будто бы, ближе. Вот и ещё один кораблик. Но дед моей радости не разделял. Скорее всего, наоборот, его лицо стало каким-то более озабоченным. Он взял меня за руку, и мы быстрыми шагами стали спускаться вниз, к нашему дому.

Не успели войти во двор, как, вдруг вся округа озарилась вспышкой яркого света, и где-то совсем рядом раздался оглушительный треск грома. А ещё через несколько минут первые капли дождя торопливо застучали по крыше. Но для нас это было уже не так страшно, мы были в доме. И я тогда, ну вот нисколечко не испугался. Я сидел рядом с дедом, как можно плотнее прижавшись к нему, и со страхом смотрел на окно.

В мои десять лет, я уже слыхал кое что об этих ужасных молниях, но то, что они могут быть настолько страшными и предполагать не мог. А за окном в это время бушевала стихия. Дождь лил, как из ведра. Вспышки молний сопровождались раскатистыми ударами грома, и ветер временами пытался ворваться в наш дом. Но дом стоял, как крепость, и всё ему было нипочём.

Минут через десять я слегка успокоившись только и смог спросить деда:

- А в наш дом молния может попасть?

- Теоретически, да. - Не спешил меня успокаивать дед. - Но за 70 лет, что я здесь живу этого ещё ни разу не случалось.

Это меня на некоторое время успокоило. Это хорошо, что у нас такой крепкий и надёжный дом. Но тут новые страхи стали вползать в мою беспокойную детскую головушку.

- А мама с папой? Как же они там, на этом Чёрном море. У них ведь наверняка нет такого хорошего и крепкого дома?

Но тут дед всё-таки сжалился надо мной и сказал.

- М-да, внучёк. Такого, как наш, нету. Но зато есть другой, побольше и покрепче. Да и грозе до них не добраться. Посмотри-ка в окошко, видишь, слабеет уже. Все силы здесь истратила, и до твоих мамы с папой уже не долетит.

И действительно. Побушевав ещё каких-то пять минут, она совсем стихла, и кругом воцарилась такая тишина, что даже и не верилось, что ещё каких-то пару минут назад здесь бушевала стихия. А я всё сидел и думал. Думал о родителях, об этой берёзке. Бедненькая, как она там? Одна. И какие мы, всё-таки, молодцы, помогли ей. Интересно, а откуда это дед узнал, что будет гроза? В доме ведь ни радио, ни телевизора не было.

- Дед, а, дед. А ты меня научишь грозу видеть?

Почему-то я тогда был уверен, что дед, грозу с этого холма видеть может. Прищурит вот глаза и всё видит. Далеко-далеко. Ай да дед. Вот вырасту, тоже таким стану.....

Похоже, мои детские мечты начинают сбываться. Только грозу видеть, пока что не научился. Да и зачем. Есть газеты, радио, телевидение. Одним словом – цивилизация. Она и этот дом не обошла. За время своего проживания, я его слегка переоборудовал, не так что бы очень, но телефон, по долгу моей службы, мне всё-таки провели. Ну а насчёт грозы? Однажды я всё-таки узнал тайну золотого ключика. У деда был барометр, который он оберегал как зеницу ока. Но из опасений, что я в один прекрасный день, вдруг надумаю разобрать его, чтобы понять устройство, он спрятал его от меня и показывать не стал. Уж очень был я тогда любопытный и задавал бесконечное множество вопросов. И когда дед не знал что ответить, то говорил просто «Так надо».

Это означало, что дальше спрашивать бесполезно, потому что «Так надо».

Глава 2
Сима

Я сидел на лавочке, под берёзой, одиноко стоящей на вершине холма, и любовался бескрайними просторами этого чудного края. Мои мысли неудержимо влекли меня туда, в моё детство. Все воспоминания о городе, о моих школьных приключениях, ушли на второй план. Зато всё ярче и яснее я видел себя снова здесь, в этих краях...

Моё первое знакомство с этим местом, тогда вечером, перед грозой, ещё больше разожгли во мне желание вновь попасть сюда.

* * * * * *

Рано утром, быстро позавтракав, я выскочил из-за стола и собрался уже выйти на улицу, как был остановлен строгим возгласом деда:

- Стой! Ты куда это разогнался? Так не годится. Поел? И что надо теперь сказать?

Я встал, как вкопанный, и начал лихорадочно соображать, что же хочет от меня дед. Ну, поел, ну, спасибо. Ах, да. Понял.

- Спасибо, деда! - и, для пущей верности, чтоб ещё больше задобрить деда, добавил:

- Было очень вкусно.

Решив при этом, что процедура завтрака окончена, повернулся и направился к двери. Но не тут-то было. Плохо я ещё знал своего деда.

- Нет, мил человек. Так не годится. А убирать со стола кто будет? Это дома ты можешь на мать всё оставить, а тут тебе не курорт, и прислуги у нас нет. Так что давай. Прибери со стола, помой посуду. А потом можно и дворик подмести.

Этот дворик, казался мне тогда размером с футбольное поле.

- Да я тут и до вечера не управлюсь, - начал было гнусавить я, но взглянув на деда, понял, сопротивление бесполезно. Лицо деда было непробиваемым. Был бы я постарше, увидел и другое. Его глаза. Они улыбались, и были полны любви и нежности.

- Но почему?! - сделал попытку найти лазейку и как-то уйти от неприятного занятия. Почему это надо делать? Там и так чисто?!

- Чисто говоришь?! А ты что, забыл уже про вчерашнюю грозу? Или, может, прикажете мне, старому больному человеку это делать, а мой внучёк, молодой, сильный и здоровый, как бык, в это время будет лежать на травке и загорать на солнышке.

Тут уж дед явно переигрывал. Хотя кто его знает. Я взглянул на деда. Жалко старика, хотя о том, как он ещё вчера вечером, бодро поднимался на холм со связкой досок, я в тот момент и не вспомнил. Ну, всё – прощай, берёзка.

- Ну, ладно, уберу во дворе . И что бы ты без меня делал?

Дед, кряхтя, с трудом поднялся со стула и пошёл к двери.

- Вот так-то оно лучше. И смотри, поаккуратней, а я приду, проверю. И ещё! Как управишься с двором, придёшь ко мне в сад, надо травы насобирать для коровы.

- Какой это ещё коровы? Дед, да у тебя же коровы, отродясь, не было?

- А молоко ты чьё пил сегодня утром? Так вот, заодно и отблагодаришь соседку Серафиму. А то она уже в годах и собирать травку ей уже тяжеловато.
Чай не рассыплешься, а она опять же будет только рада. А если хочешь, чтоб и завтра утром у нас свежее молоко было, не стой пнём здесь. Давай шевелись. День-то не резиновый. Мешок найдёшь в сарае. И не забудь! Травка для коровы, а не для кролика. Так что ты уж, внучок, постарайся, не подведи меня. Да и ещё, чуть не забыл...

- Ну что там ещё? - уже с раздражением спросил я.

Дед хитро сощурил свои глаза и добавил:

- Как управимся, пойдём на речку. Покажу тебе, где можно купаться, а где и порыбачить. Ты рыбу-то хоть когда-нибудь ловил?

Ох, этот дед! Да ему бы в политики пойти, а не здесь деревьям ветки подрезать. От моего мрачного настроения не осталось и следа. Вот что значит правильный подход.

Быстро управившись с посудой, выскочил во двор и уже держал в руках не метлу, а удочку и лихо вытаскивал больших пребольших сазанов, карпов. Один раз даже кита выудил. После бурной ночи двор был завален зелёными листьями, обломками веток и прочим мусором. Но одна была особенно огромная. Ну, прямо настоящий кит. Хотя киты в речках не живут, но для меня это был всё равно кит. Через полчаса, самодовольно оглядев посвежевший и опрятно сияющий дворик, я с мешком через плечо отправился в сад к деду.

К моему великому удивлению, дед уже позаботился о соседской корове. Тут и там лежали кучки травы. Это была не просто трава, а берёзка, как дед её тогда назвал. Но опять же, не такая, что стояла на вершине холма, а это было вьющееся растение с цветочками, похожими на маленькие граммофончики. Мне оставалось только собрать это в мешок. И уже через полчаса работы, я с трудом тащил туго набитый травой мешок.

Собрать-то собрали, а как я его дотащу до этой бабы Серафимы?

В этот момент подошёл дед и сказал:

- Вот что, внучок. Сгоняй к нам домой. Там, в сарае, стоит маленькая тележка. Я её смастерил из детской коляски, в которой мы когда-то твоего папу возили.

Примчавшись в сарай, и найдя в нём маленькую тележку, я был весьма удивлён. И как это в такую маленькую тележку им удавалось поместить такого большого папу? Ах, да! Какой же я ещё глупый. Он ведь тоже когда-то маленьким был.

Тележка была хоть и маленькой, но оказалась весьма крепкой, и чем-то похожей на ту телегу, в которой нас привезли с вокзала.

Время было ещё раннее, и дед, объяснив, как найти дом бабы Серафимы, вернулся в сад, а я потащил повозку к назначенной цели. Дом найти оказалось очень просто - они все располагались на одной улице, и уже через пять минут я стучал в калитку дома.

Где-то в глубине двора залаял здоровенный пёс. Ждать, пока он выскочит на улицу, как-то не захотелось, и я, забыв про тележку с травой, рванул домой. Дед, удивившись моему столь быстрому возвращению, спросил:

- А тележка - то где?

- Там, - только и смог сказать я, показывая в сторону улицы.

- Что же это ты так, технику на дороге бросил, как же мы теперь траву возить будем? Непорядок это. Непорядок.

- Да там такая здоровенная и злющая собака, - начал было оправдываться я, но дед, махнул рукой и пошёл за тележкой. Мне ничего не оставалось, как пойти вслед за ним. Но, чем ближе он подходил к дому бабы Серафимы, тем больше становилось расстояние между мною и дедом. А он, подойдя к воротам, открыл их и тут... О, ужас! Здоровенный пёс выскочил из открытых ворот и кинулся прямо на деда.

От страха я закрыл лицо руками и ждал, что же будет дальше. А дальше.... По-прежнему было тихо и, убрав руки с лица, я увидел, что мой дед стоит живой и невредимый, а вокруг него радостно прыгает здоровенный пёс.

- Ну, ладно, ладно, будя тебе, Буран. Ты чего это моего внука испугал. Серёжа! Сергей! Иди сюда, не бойся, он тебя не обидит. Это он с виду такой грозный. А на самом деле у него очень добрая душа.

Собак у нас дома не было, и я их и видел либо на картинке, либо в кино.
Другое дело здесь, рядом. Не собака, а прямо - таки медведь, если хвост убрать. Ну, точно медвежонок. И рожица такая. А зубы....Клыки. Ничего себе, добрая. Куснёт себе разок, и руки нет. Но рядом был дед. И Буран по-прежнему радостно прыгал вокруг него. С тяжёлыми, налитыми свинцом ногами, я стал приближаться к деду.

Собака как будто не обращала на меня внимания, и это придало мне силы. Последние шаги я почти промчался и тут же прирос к ноге деда.

- Да не бойся же ты, - всё успокаивал меня дед, - на, угости пса хлебушком.

Дед сунул мне в руку сухарик, и я, закрыв от страха глаза, вытянул ладошку с коркой хлеба. Мокрый язык, как будто тряпкой, смахнул с моей ладошки этот маленький кусочек.

Я открыл глаза и увидел приветливые глаза Бурана, которому очень понравилось моё угощение, и он ждал добавки. Я взглянул на деда, и он без слов протянул мне ещё кусочек, который так же быстро и аккуратно исчез с моей ладошки. После третьего кусочка я совсем осмелел и погладил моего нового друга по лохматой голове.

- Ну, вот и всё! Теперь порядок, - промолвил с облегчением дед. Он и сам, по-видимому, переживал не меньше , но не за Бурана, а, скорее всего, за меня. Выдержу ли я этот экзамен? Выдержал.

И только теперь я осмотрелся по сторонам и, как мне показалось, заметил, что кто-то ещё наблюдал за нами. Но кругом по-прежнему не было ни души, и стояла тишина полуденного летнего дня, и только где-то высоко в небе заливался жаворонок. Я попытался найти его взглядом, но бесполезно. Буран требовал добавки, и всё пытался лизнуть меня в руку. А дед, не дожидаясь, закатил тележку во двор, потом легко перекинул мешок через плечо и понёс в хлев. К пустой кормушке. Коровы там, как я успел заметить, не было.

- На пастбище они все сейчас, - сказал дед, заметив мой вопросительный взгляд - а это будет Бурёнке на ужин, чтобы утром у нас снова было свежее, парное молоко.

Я с понимающим видом кивнул, и мы отправились с дедом домой. Вернее, деда шёл и тащил за собой тележку, а я, как когда-то это делал мой отец, с гордым видом сидел в тележке и изображал из себя великого автогонщика.

У дома мы с дедом расстались, и он позволил мне погулять с полчасика, пока не будет готов обед. Но при этом попросил, чтобы я далеко не уходил, и что после обеда мы идём на речку. В ответ на это, я показал рукой на берёзку, давая этим самым понять, что я только туда и сразу же обратно. Получив «Добро» от деда я немедленно отправился к этой заветной и желанной цели. Бежать я уже не стал, ибо знал, чем это может кончиться, да и особой нужды в этом не было.

Придя на его вершину, я первым делом подошёл к берёзке и так же как дед, погладил её по стволу. Теперь я был один и мог себе позволить побыть чуть-чуть взрослым. Дети очень часто копируют взрослых, подражая им и пытаясь выглядеть, как они. Это было знаком уважения и авторитета. На тот момент, самым большим авторитетом был для меня дед. И я так же, не спеша, окинул взглядом открывающуюся моему взору панораму и собирался уже присесть на скамейку, как заметил в кустах, растущих недалёко, какое-то движение, подозрительные шорохи и возню. Выходило, что всё-таки я был здесь не один.

- Кто там? - крикнул я, стараясь придать моему детскому голосочку более грозное звучание.

Шевеление в кустах продолжалось, и я уже с громко колотящимся сердцем стал поглядывать по сторонам, в надежде найти какое-нибудь оружие, камень или палку. Но в этот самый момент, кусты раздвинулись, и из них высунулась медвежья морда. Если бы до этого я не успел познакомиться с Бураном, я бы и не знаю, что делал. Но тут, я увидел своего нового друга и радостно воскликнул: «Буран! Буранчик! Ты что там делаешь?» А ещё через минутку появилась маленькая девочка, лет пяти-шести. С двумя соломенными косичками, весёлыми любопытными голубыми глазками, слегка курносым носиком и толстыми щёчками. Эти носик и щёчки были так обильно усыпаны веснушками, что, казалось, сосчитать их, при желании, было бы невозможно.

- Ты кто? И что тут делаешь? – со всей строгостью и серьёзностью спросил её я.

- Я Шима. А ты Шелгей, - прошепелявила в ответ эта малютка, прищурив глазки и улыбнувшись мне в ответ улыбкой, в которой явно не хватало парочки передних зубов.

- Зима что ли? Да какая же ты зима. Ты же самое настоящее лето. Вон сколько солнечных зайчиков по лицу бегают.

Девочка тут же смутилась и, нагнув голову, начала усиленно сопеть.

- Ну вот, только этого мне не хватало. Сейчас плакать будем? Да?

- Не будем, – дрожащим голосочком ответила девочка.

- Ну, вот и хорошо. Так как же тебя зовут, и что ты тут делаешь?

- Не шкажу, щеклет, - ответила тихим голосочком девочка.

- И кто же это тебя одну отпустил?

- Не шкажу, щеклет. И я вовсе не одна, а ш Буланом.

- А Буран чей, тоже твой? – продолжал я своё расследование.

- Булан - бабы Щимы.

- Так ты хочешь сказать бабы Серафимы?

- Ага.

- Ага. Значит, и тебя зовут не Щима, а Серафима, и послала тебя сюда баба Серафима?

- И нет. Я шама пошла.

- А баба Сима хоть знает об этом? Они наверное тебя уже ищут по всему дому. А ну-ка, сейчас же пошли домой!

Девочка, опять насупившись, стала усиленно шмыгать носом.

- Ну, ладно, ладно. Только не хнычь. Да ты не бойся, не выдам я тебя. Мы пойдём домой, и ты тихонечко, чтобы никто не видел, проберёшься во двор. Ведь смогла же незаметно уйти оттуда. Ну, как? Согласна?

Девочка подняла на меня свои голубые, сияющие радостью, глазки и с улыбкой пролепетала:

- Шаглашна.

- Ну, вот и лады.

Я взял её за руку, и мы стали потихоньку спускаться с холма. За это короткое время, пока мы спускались, я успел узнать, что она с мамой приехала погостить к бабе Симе. И что имя ей дали в честь бабы Симы. И что они здесь уже почти целый месяц. И что послезавтра уедут домой в другой город. А вот в какой город, она так и не смогла сказать. Сказала, что в большой, очень большой. И ещё под конец, по секрету сказала, что видела меня, как я убегал от их дома, и потом, позже, увидев ещё раз, очень обрадовалась. Ей одной без подружек тут так скучно. Поэтому она решила проследить, где я живу и, увидев, что я от дома пошёл к берёзке, пошла за мной, так как очень боялась за меня.

Последние её слова мне совсем не понравились. Ну, вот ещё, мне только подружкой не хватало стать. Да и потом, нечего за мной следить. Я уже достаточно взрослый и уж как-нибудь сам, без малявок обойдусь.

Но вот этого я уж лучше бы не говорил.

В этот раз Сима не смогла сдержать своих эмоций и с рёвом бросилась бежать домой. Благо до него оставалось каких-то пару десятков шагов. Ну вот. Вроде ничего такого обидного не сказал, а на тебе, сразу слёзы. Ну, точно малявка, да и ещё к тому же девчонка. С такими лучше не связываться. Сейчас ещё мамаша прибежит разбираться.

«Это кто тут такой, мою доченьку обидел?»

Постояв ещё чуть чуть у ворот, я повернулся и быстро пошёл домой. Буран, вопросительно глянув на меня, потом на незапертые ворота, вильнул хвостом и исчез за ними.

Придя домой и заглянув на кухоньку, я тут же почувствовал, как сильно я проголодался. Трудовая деятельность и эта прогулка на «Шапку Мономаха» тут же дали о себе знать. И ещё эти запахи усилили, и без того разыгравшийся во мне, зверский аппетит.

На кухоньке у печки колдовал дед.

- Ну, что? Набегался? Проголодался? Руки мыть, и за стол.

Дважды говорить ему не пришлось, и, уже через минуту, я сидел с самым прилежным видом, вдыхая аромат, исходящий из небольшого котелка, поставленного дедом на стол.

- А есть из чего будешь? Давай помогай, приготовь тарелки, кружки, ну и всё остальное. Где это всё остальное стоит и лежит, я уже знал и, не задавая лишних вопросов, кинулся помогать деду. Кое-как, дождавшись пока дед нарежет хлеб и разольёт по тарелкам наваристый суп, я с жадностью накинулся на еду, но взглянув на деда, тут же застыл в недоумении. Вместо того, чтобы начать есть, он степенно встал из-за стола и начал что-то там бормотать себе под нос..... «Отче наш, иже еси на небеси.....да святится имя твоё....»

Я всё пытался понять, о чём это, и с кем это он там беседовал. Отче вот вспомнил. Но дед, промолвив тихое «Аминь», сел опять за стол, взял в руки ложку и хлеб, и, пододвинув поближе тарелку, стал молча есть.

- Дед! А ты чего это про какого-то отче бормотал, небось ещё и с бабой Шурой общался, всё никак не можешь без неё за стол сесть.

- Не юродствуй, - вдруг неожиданно резко оборвал меня дед. - С Богом я общался, и тебе не мешало бы этому научиться.

И только тут до меня дошло. Дед молился. Я впервые в жизни видел, как люди молятся. Странно, а в школе нам про это совсем ничего не рассказывали, один раз правда показали картинку, на которой были изображены люди в лохмотьях, с запуганными и со страхом глядящими вверх лицами.

Всё это как-то не увязывалось с моим дедом, сильным и уверенным в себе человеком. Тем временем дед, управившись с едой, с улыбкой взглянув на меня, спросил:

- Ну, внучёк, как там на улице? Что нового узнал, что видел? Что-то ты не совсем весёлый пришёл. Стряслось что-ли что или обидел кто?

Вот дед, и это успел разглядеть.

- Да кто тут посмеет меня обидеть, пусть только попробуют, - начал было петушиться я, - это всё она, Симка, разоралась ни с того ни с сего. А я её даже и пальцем не тронул. И ещё шпионить за мной вздумала.

Выражение лица деда с каждым словом менялось с поразительной быстротой: от очень рассерженного до изумлённого.

- Постой, постой. Так это что же получается, баба Сима за тобой шпионила?

- Да нет же. Другая. А я шнаю тебя Щелгеем шавут.

И тут дед неожиданно оглушительно рассмеялся.

- Так эта крошка решила за тобой шпионить?

И только тут до меня дошло, о какой Симе подумал мой дед, и я представив её, как ту старушку Шапокляк, тихо крадущуюся за мной, тоже стал смеяться.

- Вот и я тоже так же ей сказал, а она сразу в слёзы.

- Что прямо так и сказал?! – переспросил дед.

- Ну почти так, - и, не выдержав строгого взгляда деда, добавил, - Ну, в общем, я сказал, что я уже большой и не хочу, чтобы всякая там малявка за мной шпионила. А она сразу же побежала маме ябедничать. Рёва-корова.

- А вот это ты зря. Нехорошо маленьких обижать. Она, может, переживала за тебя. Или ты уже забыл, как убегал от их ворот? Так что пойди и извинись и пригласи её на речку. Она очень любит купаться. Или ты решил, что купание можно отложить на завтра?

Выбора не было. Дед враз отрезал все пути к отступлению.

День был жаркий, и перспектива остаться без купания меня не очень-то прельщала, и я, опустив голову, побрёл снова к дому бабы Серафимы. Моё воображение в это время рисовало картины одна страшнее другой. У печи Бабка Серафима с кочергой в руке, и вот-вот опустит её на мою бедную головушку. За столом сидит мама этой девчонки и грозно смотрит на меня, а рядом с ней эта, такая бука, всё ещё размазывая слёзы по щекам, и требует сурового наказания...

Во дворе меня встретил Буран и, радостно прыгая, забегал между мною и маленьким домиком, давая понять, что они там. Этот домик оказался летней кухней, и я, тихо постучавшись в дверь, вошёл.

И, действительно, увидел старушку, стоявшую у плиты с ложкой в руке. А на плите стояла огромная кастрюля, в которой что-то булькало, и из неё исходил чудесный аромат.

«Варенье варят» подумал я, невольно сглотнув слюну.

Рядом за столом сидела приятная молодая женщина с книжкой в руках и, по-видимому, читала. По красочной обложке я понял – Сказки. Рядом с ней сидела моя новая знакомая – Щима. Почему-то именно так вспомнил я её имя. От слёз не было и следа, и взгляд её был такой же, как и там на холме, любопытствующий и добродушный. И она, как ни в чём не бывало, улыбнулась и сказала:

- Мама, а это вот Щелгей. Он плиехал к деду в гости. А его мама и папа уехали на Цёлное моле. А мы поедем на Цёлное моле?...

И, если бы её не остановила мать, то я наверняка услыхал бы ещё тысячу вопросов.

- Ах вот ты какой, Серёжа! Ну, что-ж, проходи, гостем будешь. Сейчас вот чайку попьём. Будешь с нами чай пить. Баба Сима нас вареньем угостит. Правда, мам, угостим молодого человека?

- Да нет, что вы, спасибо. – ответил я и невольно сглотнул ещё раз. – Я, вообще-то, не за этим пришёл. Мы тут с дедом на речку собрались и хотел вот Симу пригласить пойти с нами.

- Ула! На лецку, на лецку! – тут же радостно запрыгала по кухоньке Сима.

- Стой, стой. А как же сказка? Да и чайку мы ещё не попили?

Радостное выражение лица моментально сменилось на жалостливо-просящее.

- Ну, мамоцька! Ну, позалуйста! А сказку мы потом дочитаем, когда с лецки плидём, да и валенье есё не готово. Плавда, бабуль?

- Ох, и хитрющая ты у меня. Ну, ладно, уговорила. Но при одном условии, что твой друг Серёжа вместе с дедом придут потом к нам чай пить. Согласны?

Не успел я и рта раскрыть, как Сима с радостными криками: «Согласны! Согласны!» опять запрыгала по кухоньке.

....Сима, Сима! Сколько же жизнерадостной энергии, было в этой крохе. Она действительно была как кусочек солнца. Зря я тогда на неё так подумал. Надёжнее и заботливее друга у меня не было. Да и насчёт плаксы я тоже ошибся. Больше ни разу я её слёз не видел.

Хотя, вру. Один раз, всё-таки, довелось. На похоронах у деда. Но это уже были совершенно другие и совсем не детские слёзы. Слёзы горечи и утраты близкого человека. Он, хоть и не родственник им был, но любила она его по- настоящему, как родного деда. Что иногда вызывало у меня чувство ревности. Это ведь был мой дед.

Этот детский, наивный эгоизм. Он чуть было не испортил все наши отношения. А, может, всё-таки... Какой же я, всё-таки, был тогда глупый. Если бы вернуть всё назад…

Эти оставшиеся два дня мы были постоянно вместе. И я, видя как Сима буквально висла на руках у деда, всё пытался защитить его, от этой назойливой девчонки. Старался всегда быть между ней и дедом. И она чувствовала это, и на некоторое время улыбка затихала на её лице, но расцветала с новой силой, как только ей удавалось меня обхитрить и уцепиться за руку деда со свободной стороны.

Стыдно признаться, но я всё никак не мог дождаться, когда же, наконец, пройдут эти два дня, и они уедут. И дед будет мой и только мой. И дождался. И они уехали. Уехали и увезли с собой солнце и лето. Погода вдруг резко испортилась. Небо заволокло тучами, стало прохладнее и как-то неуютно. Но и это было только полбеды. Главное же, к своему удивлению, я почувствовал, как мне не хватает её. Мне не хватало её присутствия. Её солнечной улыбки и тысячи вопросов.

А осень, между тем, решив перевыполнить план по дождю, уговорила лето уступить ей парочку деньков. И ей это удалось. Несколько дней было пасмурно и иногда шёл дождь. Но, буквально за день до приезда родителей, тучи рассеялись, и в небе засияло горячее, летнее солнце.

Приезд родителей отвлёк меня окончательно от грустных мыслей об этой солнечной девочке. Но мог ли я тогда знать, что наши пути-дорожки опять сойдутся, и не где-нибудь, а здесь, у этой берёзки, одиноко стоящей на вешине холма, похожего на шапку Мономаха.

Домой уезжал я окрепший и загоревший, увозя в своей душе любовь к земле и к этому удивительному краю. И ещё полную сумку душистых яблок, привёз я с собой в большой и пыльный, каменный город.

Город, где был мой дом. Дом, в котором я вырос.

Дом, у которого был свой большой двор и песочница.

Та самая песочница, где я построил свой первый «Песочный замок» и впервые увидел Лику.

Глава 3
Встреча

Я стоял на перроне вокзала и с нетерпением вглядывался в синеющую даль уходящих рельсов. Мысли, словно пчелинный рой, летали в моём весьма возбуждённом сознании. Тысячи вопросов возникали и тут же исчезали, как пролетающие мимо скорые поезда. На некоторые я успевал найти разумный ответ, а некоторые так и остались под вопросом.

Почему она прислала телеграмму, а не позвонила по телефону?

А может звонила, а меня как раз не было дома!?

Но ночью то, я наверняка дома. Боялась потревожить?

Почему такой короткий текст: «Серёжа встречай буду поездом»

Хотя у телеграмм и не должно быть много слов. Это же телеграмма.

И всё-таки это так неожиданно. Что-то случилось?

Ну где же этот поезд? Ну наконец-таки!

Вдали показался столь долгожданный силуэт тепловоза, и вот уже маленькая зелённая змейка, всё увеличиваясь в размерах, сверкнув зелёным боком на стрелке, поравнялась с началом перрона. Вместе с гудком, в грудь ударила волна воздуха, наполненная запахом полей и специфического запаха вагонов, так знакомая мне с детства, ещё от той первой поездки сюда. На какой-то короткий миг, появилось желание сесть в него и умчаться вдаль, в эту безбрежную синеву горизонта. А в это время вагоны всё дальше и дальше проплывали мимо меня и казалось останавливаться не собирались. Но я уже мог различать лица проводниц и номера вагонов. Напоследок скрипнув ещё раз тормозными колодками, и тяжело вздохнув от проделанного пути, весь состав остановился. Под стуки открываемых подножек, перрон вновь ожил. По нему забегали и засуетились какие-то люди, то предлагая что-то купить, то что то узнать. В то же время другие с чемоданами и авоськами наперевес, как в бой, ринулись догонять свои вагоны. Все что-то кричали, кого-то звали, боялись опоздать, пропустить. А я стоял посередине перрона и ждал, что вот-вот, сейчас она выглянет из окошка вагона и помашет мне рукой. Но кругом было тихо, если конечно не считать этого гомона беспокойной толпы, приезжающих и отъезжающих, встречающих и провожающих. Вся беда в том, что я не знал в каком вагоне она приедет. Либо она забыла это указать, либо сама тогда ещё не знала. И мне не оставалось другого выбора, как стоять и ждать. А где то в глубине души уже начинали возникать сомнения.

А точно ли этот поезд?

А может я, что-то перепутал?

А может она уже вчера приехала и ждёт меня дома.

Но она же здесь ни разу не была.

Но тут вдруг чьи-то руки закрыли мои глаза и я услышал за спиной нежный женский голосок: « Ну здравствуй Серёжа! А вот и я».

Я невольно вздрогнул и обернулся. Да это была она. Моя Лика.

Сомнения и тревожные мысли вмиг вылетели из моей головы.

Ну как же я сразу об этом не подумал. Ведь это была Лика. А она не может делать что-то просто так, как все. Вся её жизнь была заполнена приключениями и дерзкими выходками, которые порой, если не сводили меня с ума, то по крайней мере доводили до полного отчаяния. В такие моменты я не знал, что мне думать и как дальше быть? Вот и теперь, я стоял в полном оцепенении и не мог сдвинуться с места. Во мне всё бушевало. Радость встречи, страх перед неопределённостью её поведения, чувство облегчения, ожидание нового, неистребимое желание обнять её, прижать к себе и больше не отпускать. Все эти чувства, как толпа людей во время паники, собрались у тесной двери и каждый из них пытался вырваться первым, но они только мешали друг другу.

- Ну здравствуй! – ответил я, и протянул ей руку.

- Ты что мне не рад? – с некоторой горечью, спросила она и взглянула в мои глаза. И вот тут то наконец меня прорвало. Я прижал её к себе и горячо зашептал: «Рад, конечно рад, ещё как рад. Если бы ты только знала, как я рад. Как долго я ждал этого момента. Как я переживал за тебя, за нас с тобою. За наше будущее».

- Серёжа, Серёжа! Да отпусти-же ты меня наконец. А то ведь так и задушить можешь. И нечего за меня так переживать. Я уже не маленькая девочка. И вот, как видишь, в целости и сохранности стою перед тобой.

- Глупенькая ты моя. Я ведь тебя так люблю.

Последние мои слова потонули в тепловозном гудке и нарастающем шуме толпы провожающих и отъезжающих. Все что-то кричали друг другу. Кто то просил писать почаще, кто-то передать приветы, а кто-то как и я, будто это был последний час его жизни, кричал: «Я люблю тебя слышишь, я люблю!» Через несколько минут это всё стихло, и мы остались совсем одни, на почти пустом.... Стоп, стоп. А вдруг она не одна приехала? А я тут руки распускаю. Эта мысль, как молния перед грозой, ослепила все мои чувства. А я всё стоял и боялся пошевелиться. А действительно. Вдруг не одна. Время в этот миг как будто остановилось. Перед глазами всплыл текст телеграммы: «..буду поездом». Ну что же это я так разволновался. Всё никак не могу поверить, что вот она, моя Лика. Здесь, рядом со мной. Я выпустил её из своих объятий и уже более спокойно стал спрашивать о том, как доехала, как себя чувствует, голодна ли. Но на предложение перекусить в здешнем привокзальном ресторанчике, она ответила решительным отказом. Сказав, что терпеть не может эти общепитовские забегаловки. Где сидят одни пьянчуги и барыги.

- Ну зачем же ты так. Хотя может ты и права. Твоя воля – закон. О несравненная! - ответил я, и тут вспомнил про ручную кладь, которую до недавнего времени видел в руках у людей.

- А где твой чемодан, и прочая ручная кладь?

- А нету! И зачем? Неужели ты не поделишься со мной своей последней рубашкой? – весело воскликнула Лика и в глазах её появился озорной блеск.

В этот момент, я наверняка покраснел и на моём лбу было крупными буквами написано, о чём я думал. Быстрым движением руки я стёр со лба все буквы и смущённо улыбнувшись, сказал: «Ну что-ж, нет так нет. И я с удоволствием предоставлю, в твоё полное рапоряжение, весь мой гардероб. Если конечно он тебя устроит. Ну и потом, не могу же я позволить даме моего сердца таскать тяжести».

- Да не переживай ты так. Есть у меня и личные вещи и ручная кладь, -ответила она и показала на дамскую сумочку и небольшой рюкзачок, висящий на её плече.

- Тогда-с, позвольте-с, вашу ручную кладь, - подделываясь под тратирных лакеев, с улыбкой спросил я и протянул руку к рюкзаку. Внешне не сильно набитый, он оказался всё-ж намного тяжелее, чем я мог предпологать.

- И что мы там имеем? Хотя, пардон, я кажется перехожу за рамки дозволенного. Можно и не отвечать, смущённо пробормотал я.

- Да нет же, почему? Вопрос вполне законный, и поэтому отвечу сразу. Золото, бриллианты и сапоги скороходы. Шучу. Пару книжек, спортивный инструмент, смена белья и всё для гигиены тела. Я надеюсь вы удовлетворены моим ответом?

- Вполне. Хотя кое-что показалось мне в нём странным.

- Ты имеешь в виду спортиный инструмент? – хитро улыбнувшись спросила она.

- Не ломай голову, придёт время и ты всё сам увидишь. Ну что поехали?

Только теперь у меня появилась возможность, как следует разглядеть её. Она была в джинсовом костюме, изящно сидевшим на её стройном, спортивного склада теле. Ростом чуть ниже меня. С коротко подстриженными волосами и в куртке, скрывающей её грудь, она походила скорее всего на юношу, нежели на ту самую красавицу, которую я видел когда-то в школе, на выпускном балу. Позже наши пути разошлись. Я поехал поступать в Московский сельхозинститут, а она в балетную школу танцев в Ленинграде. Но на этом наша связь не прервалась. Мы вели весьма оживлённую переписку, которая всё больше и больше сближала нас и привела к этой вот встрече.

По дороге домой я рассказал ей о моём первом визите сюда. Об этом чудном холме, о своём дедушке, в наследство от которого я получил и дом и яблочный сад. О чудесных сортах яблок, которые там растут. О плодородной земле этого края, о воздухе, о климате. Ну в общем всю дорогу я болтал без умолку, как радио, которое позабыли выключить. И только подъезжая к дому я спохватился. Извинившись за свою чрезмерную болтливость, закончил своё повествование тем, что у меня для неё есть сюрприз и что очень скоро она об этом узнает. И ещё добавил, что очень надеюсь, что и она полюбит этот край, как я когда-то, приехав сюда в первый раз.

- Ну вот мы и дома, - воскликнул я, останавливая машину у ворот дома.

«Вот моя деревня, вот мой дом родной...» пришли на ум стихи из школьной программы. И только теперь я заметил, как серо и убого выглядел мой домишко, на фоне городских фасадов, к которым привыкла она, живя там в Питере. Но отступать было уже поздно. И я повёл её в дом.

Показав все его комнаты, и ту, в которой она может располагаться, вдруг заметил, что забыл ещё один важную деталь, о которой так мало говорят, но без которой не обойтись.

- Ах да. Вот ещё что. Туалет у нас на улице. Надеюсь это тебя не смутит. И ещё. Я прекрасно понимаю, что с дороги неплохо бы принять ванную. Так вот, ванной у меня нет, зато есть душ и банька. Так что если пожелаешь, могу хоть сейчас организовать. А потом можно будет поужинать и поболтать чуть-чуть. Если спать не захочешь. Ну так как? Показывать где душевая?

Мой вопрос её не смутил, а скорее всего наоборот обрадовал и она улыбнувшись, глянула мне в глаза и спросила: «Так ты говоришь банька есть, настоящая?»

- А что, бывают и ненастоящие?

- Так это же здорово, просто замечательно. Ты знаешь, как давно я мечтаю попасть в баню. А ванная, это конечно хорошо, но всё равно не то. Так что давай хозяин, шевелись. А я пока тут с вещами разберусь.

- Будет мигом сделано, - обрадованно воскликнул я и уже выскочив на улицу, тут же вернулся и добавил.

- Ты это, если чего, можешь мои книжки посмотреть. Понимаешь, банька тут дело такое, это не кран с горячей водой открыть. Тут малость надо потрудиться. Но у меня уже всё готово. И вода и дровишки. Так что ты уж тут не скучай. Я мигом. А на завтра у меня приготовлен для тебя сюрприз. Всё. Меня уже нет. – С этими словами я пулей выскочил из дома и помчался через сад к речке, на берегу которой стояла моя банька.

Эту баньку ещё мой дед строил. Я же только слегка её дополнил, соорудив в углу предбанника душевую кабину. Не знаю кому как, а мне моя банька нравилась. В ней было всё самое необходимое. Небольшая парилка, в которой свободно помещались два человека. Предбанник, разделённый занавеской на две части. В одной половине был душ и печка с запасом дров. В другой небольшой столик у окна. Парочку скамеек. Полочки для смены белья. Вместо картин великих мастеров кисти, все стены были увешаны банными вениками, пучками душистых трав. Ну прямо как в сказке, не хватало только старой бабки с клюкой. Но мне в этот момент было не до сказок. Я спешил. Я очень спешил развести огонь. И как это обычно бывает, он никак не хотел гореть. А если и начал гореть, то уж очень медленно.

Обычно мне нравилось смотреть, как огонь оживал на моих глазах, охватывая лучику за лучинкой, становясь всё больше и сильнее. Он молчаливо подбирался к своей очередной жертве, обвивал её со всех сторон, затихая на какой-то момент, насыщаясь её живительной энергией, а потом вспыхивал с новой силой и так же тихо полз дальше. Это было целое представление игры жизни и смерти, где один погибал, отдавая все свои силы другому. И он принимал её и дарил людям, прекрасно понимая при этом, что со смертью первого придёт и его кончина. Единственным спасением была новая жертва, которую заботливо подкладывал ему человек. И человек этот, забыв обо всём, спешил, торопился накормить этого прожорливого дракона. Но он зыбыл и ещё одну заповедь, которую любил всегда повторять его дед.

«Баня не терпит суеты!»

- Да, дед был как всегда прав. Как там ещё говорится: «Поспешишь – людей насмешишь». Только без паники. Итак что мы имеем? Дракон дрова жрать не хочет. А это значит...либо подавился, либо задыхается. Значит ему нужен воздух. А воздух не пускает заслонка. Осёл! Ну как об этом я мог забыть. Ну точно, вот она родимая. А тепeрь всё с начала, по порядку и не торопясь.

Я вынул все крупные поленья из печки, наложил новых лучинок и всё пошло как по маслу. Огонь стал разгораться всё сильнее и сильнее. Ещё парочку минут и всё будет в порядке. Завороженный пляской огня в печке, я сидел у открытого окошка, подкидывая дрова и думал. Думал о ней, о себе, о нас, о сегодняшнем дне, о том как всётаки прекрасен мир. Думал, думал... И о ужас, я совсем забыл. К счастью это длилось не долго и я ещё раз проверив, что баня натоплена достаточно горячо заспешил к дому.

В доме слышна была музыка. Вернее это была песня в исполнении Аллы Пугачёвой «Миллион алых роз». Услыхав про розы, я улыбнулся, и подумал «Завтра. Завтра будет всё. И розы и...Потерпи милая до завтра» Набрав в лёгкие побольше воздуха, я взялся за ручку двери, что бы войти и воскликнуть: «Баня готова! О моя госпожа!» Я наслаждался этим моментом. Я весь сиял от счастья. И вот, рванув дверь на себя и сделав два шага по комнате, я застыл с открытым ртом. Единственное что я смог произнести в этот момент, так это только полслова: «Ба.....»

Вся комната была усыпана и уставленна розами. Розы были везде, на столе, на стульях, на полу, на полках. Не миллион конечно, но достаточно много. Вернее столько много, сколько можно найти в моей цветочной оранжерее. Что это были мои розы, я не сомневался. Я знал их всех, если это можно сказать, в лицо. Розы были моей страстью. Я стал ими увлекаться ещё со студенческой скамьи. И первое что я сделал, когда переехал сюда, построил теплицу и стал выращивать в ней розы. И как раз таки туда я и хотел пригласить на следующий день Лику, чтоб сделать ей там предложение руки и сердца. Это было бы так романтично, что она наверняка бы согласилась. А теперь, теперь все мои планы были разрушены, как тот песочный замок.

Всё. Это конец.

Я стоял и думал.

Что же мне теперь делать, и не знал, что на это ответить.

- Не правда ли здорово! – прервала все мои размышления Лика.

- Я с детства мечтала получить много много роз. А тут ещё эта песня. Ну вот я и не выдержала и устроила себе праздник. Спасибо тебе Серёжа! Она подошла и чмокнула меня прямо в губы. А я всё стоял и смотрел по сторонам. И думал: «Эх Лика, Лика. Ну что-же ты тут натворила?» Но в этот момент, вернул меня к жизни Ликин вопрос, который она уже задавала мне утром.

- Серёжа! А ты что не рад!

- Да нет, почему-же. Рад и даже очень. Но я только хотел..., хотя это уже

не имеет никакого значения. Баня готова. Ты как, не раздумала ещё попариться? Ну тогда пошли. Это тут рядом у речки. Я специально к ней дорожку проложил.

Я был в шоке. От моего счастливого и радостного выражения на лице, не осталось и следа, хотя я изовсех сил пытался изобразить на нём улыбку. Молча привёл я её в свою баньку. Показал как пользоваться душем, где стоит холодная вода, а где тёплая. Предупредил, что веник для распарки лежит в горячей воде, поэтому тут надо быть поосторожней.

- Партесь на здоровье. Если ещё чего надо будет, то я на улице, на лавочке буду. Ну вот вроде и всё! – со вздохом облегчения закончил я свои наставления и направился к выходу.

- Стой! Ты куда это? – воскликнула за спиной Лика.

Я вздрогнул и остановился.

- Как это куда? На улицу. Я же сказал там подожду.

- А ты что, боишься меня или стесняешься? – задала мне Лика провокационный вопрос и взглянула мне в глаза.

- Да нет. Да я... Может тебе одной всё-таки приятнее?

- Ну что ты за мужик? Пригласил в баню, а сам в кусты? Если честно, то я просто не знаю, как всем этим управлять. Вот если бы подружка была, тогда другое дело. Ну а раз её нет, то придётся тебе за неё отдуваться. Так что давай по полной программе. Или ты уже что-то другое подумал? Ладно не переживай, я ведь действительно ещё ни разу не была в русской бане. В финской сауне доводилось. А вот в русской? Ну так что, будем париться?

Не дождавшись от меня ответа, она сняла свою джинсовую куртку, растегнув пару пуговиц, скинула блузку, потом брюки. Остались только две вещи.

Смотреть дальше у меня не хватило смелости. Я повернулся к ней спиной и стал молча снимать с себя футболку, потом штаны, потом...

- Эй! Ты долго ещё там возиться будешь? А то я начинаю потихоньку замерзать.

Я в пол оборота взглянул на её и быстренько скинул последнюю часть своего одеяния.

- Ну что-ж! Держись. Устрою я тебе баньку, мало не покажется. Сама захотела, – стараясь этим самым хоть как-то себя подбодрить, я шагнул к ней.

На какой-то миг, время остановилось. Мы стояли друг перед другом совершенно голые, в этой полутёмной комнатушке и с любопытством разглядывали друг друга. «Эх, надо бы лампочку поярче вкрутить» мелькнула в голове шальная мысль. Хотя для начала и этого было достаточно.

У неё были длинные и стройные ноги, ноги балерины. И казалось не совсем широкие бёдра, плавной линией переходили в тонкую талию, придавая всему телу эту женственную красоту. Не широкие плечи и груди... Эти два белоснежных островка с тёмными кружочками посередине так и притягивали к себе, так и манили, как бы говоря: «Не верь глазам свом, а верь рукам...» Скользнув далее взглядом по длинной лебяжей шее, я встретился с её глазами, горящими как два уголька в этой полутьме. И тут же, как вода падающая из фонтана, мой взор устремился вниз, на пол, успев при этом задержаться у тёмного треуголька, контрастно выделяющегося на фоне белоснежных ног. Всё. Это было уже слишком. Надо было что-то делать.

- Ну что пошли? – тихо спросил я, показывая рукой на дверь парилки.

Я был так рад и горд за себя, что вот устоял и не поддался соблазну. Ведь я её любил и желал только лучшего. Я хотел, чтобы она рядом со мной, всегда чувствовала себя в безопастности. Не знаю, поймут ли меня правильно другие, но тогда я думал только так и не иначе.

Следом за ней, в парилку вошёл уже не я, а мой дед. Вернее это был я, но в какой-то момент, я вдруг чётко вспомнил своё первое посещение бани с дедом. Вспомнил, как он заботливо и тепливо преподносил мне азы банной науки, как разогревал меня веником, как поддавал парку. И я так увлёкся этим образом, что совершенно забыл, что передо мной лежала обнажённая девушка. А вместо этого я-дед, усердно размахивал веником над его внучком-Ликой.

Баня удалась на славу. Я даже и не мог предпологать, что она такая выносливая, и все мои попытки выкурить её оттуда закончились поражением. А Лика, войдя во вкус, умудрилась и меня так классно обработать, что мне даже почудилось, что это не она, а мой дед прохаживается веничком по моей спине. А потом, попив квасу, мы направились в дом.

На душе было радостно и легко. Она шла маленькими шажочками впереди, обмотавшись большим банным полотенцем, которое закрывало её тело почти до пяток, воодрузив на голове, что-то наподобие чалмы, и в таком вот одеянии, была чем-то похожа на японскую гейшу. И я даже представил, как она вот сейчас обернётся и я увижу белое лицо, с тонко подведёными бровями, ярко-красными губами и длинными ресницами над подведёнными тенью её тёмными глазами. Я же следовал за ней, в виде раба-арапа, неся в руках её вещи.

Дом нас встретил ароматом роз, которые так и остались лежать разбросанные по всей комнате. О них я почти-что забыл, потрясённый более сильными эмоциями. Волнения мои улеглись и я стал спокойно разглядывать этот хаос. Хотя тут же заметил, ничего хаотического здесь не было. Это была целая картина и я уже видел, как буду пересаживать свои розы, чтобы добиться подобной гармонии красок и форм. Нет, всё-таки она талант. И это всё не зря.

- Скажи пожалуйста, а как ты узнала, что у меня есть розарий? – задал я вдруг возникший в голове вопрос.

- Да ты же сам, в своих письмах, мне все уши прожужжал про свои чудо-розы. Вот я первым делом и отправилась искать их. Благо далеко ходить не пришлось. Они были так великолепны, что даже не хотелось уходить. Вот и не удержалась и взяла их с собой. Они так и так бы завяли в одиночестве. А тут хоть порадовали ещё раз, и меня и тебя.

Или тебе жалко их? Ну ладно извини. А кто-то грозился предоставить мне свой гардероб? Или мне так и ходить весь вечер как гейша, в этом полотенце.

- Гейша. Странно, но именно об этом подумал и я, следуя за тобой. А что! Из тебя бы вышла первоклассная гейша. – воскликнул я, и тут же оступился.

- М-да! Тебе так хотелось бы увидеть меня в образе Гейши?

- Да нет же, я имел ввиду внешнее сходство, - попытался сгладить напряжённую ситуацию я, - ну и потом, насколько мне известно, это были очень образованные и влиятельные персоны. Ладно, замнём для ясности. Пошли, покажу тебе свой гардероб. А то не дай бог, ещё простынешь и заболеешь. Я ж себе этого потом никогда не прощу. Кстати мой гардероб находиться теперь в твоей комнате. Так что теоретически он теперь не мой, а твой. И это мне придётся просить разрешения воспользоваться твоими вещами.

- Ну, мы ещё подумаем об этом. Посмотрим на твоё поведение. А то может так и оставим в одеянии раба-арапа,- хитро сощурив глазки воскликнула Лика.

- Смилуйтесь, не губите! О великодушнейшая из всех великодушных, о добросердечнейшая из всех добросердечнейших, о мудрейшая из всех мудрейших!

- Так, так. Продолжайте. Воскликнула Лика и ринулась в мою, теперь её комнату.

- А так не честно! – увидев её бегство, воскликнул я, и ринулся вслед за ней.

- На штурм! Даёшь гадероб.

У меня было одно преимущество, я мог быстрее двигаться в своей короткой набедренной повязке. Но она была ближе к цели. Так что дверки моего маленького шифанерчика мы открыли одновременно.

- Прошу вас сударыня. Сделайте милость. Как вы видите у нас имеется в широком ассортименте мужские рубашки, штаны, майки, ттттак это пропускаем. Ладно ты давай одевайся. А потом я приду, выберу себе что-нибудь. И схватив трусы с майкой направился к двери.

- Ей! Стой! Куда ты? – проворковал нежный голосок, и я почувствовал как её рука потянула за мою набедренную повязку.

- А кто мне будет пуговицы на рубашке застёгивать? Нужели ты вот так запросто повернёшься и уйдёшь?

« Ну и вопросики у неё, – подумал про себя я и остановился - если бы она только представить себе могла, с каким трудом достаётся мне это, вот так запросто, ещё чуть чуть и точно крыша поедет»

Её близость, теплота её тела, вдруг охватили меня, как ту щепку в печи, со всех сторон огнём страсти , и я резко обернувшись, прижал её к себе и стал целовать её в губы, в щёки, шею, всюду, спускаясь всё ниже и ниже по её столь желанному телу. Потом, взяв её на руки перенёс на кровать.

Ах, как это было прекрасно. С каждым поцелуем, мне хотелось всё больше и больше, и главное мы хотели этого оба и оба стремились к этому. И вот оно свершилось, это великое таинство природы. Слияние двух душ в единое целое. Всё это было как взрыв, как всплеск молнии, после которых наступает полный покой и тишина.

Проснушись рано утром, я заметил, что тут что-то не так. Я почему-то лежал на краю кровати и нежно обнимал свою подушку. У которой появился какой-то другой нежный, незнакомый мне запах. Одно неловкое движение и я свалился бы на пол. От неудобной скрюченной позы, всё тело моё болело, и я как только мог, стал осторожно вытягивать ноги и потихоньку перебираться на удобную и мягкую серединку кровати. И в этот момент меня словно током ударило. Лика! Словно в кино, в голове моей замелькали события прошедшего дня, вплоть до последнего. И я вспомнил, как всю ночь охранял её сон и только лишь под утро смог уснуть. Сон как будто рукой сняло. Овладев наконец своим телом, я встал, быстро оделся и вышел во двор. Двор был пуст. Голова непроизвольно повернулась в сторону холма. Там на её вершине кто-то был.

Ну что-ж, вперёд и в гору. Утренняя пробежка не повредит. Через пять минут, тяжело дыша я стоял рядом с берёзкой и с удивлением наблюдал за действиями Лики. Она была в спортивной форме с какими-то китайскими иероглифами на спине, и весьма очень ловко крутила в руках палочками связанными между собой короткой верёвочкой.

- Это и есть твой спортивный инструмент? И кого ты хочешь этим напугать? - недоумённо спросил я и сочуственно улыбнулся.

- А ты попробуй, подойди ко мне? – весело ответила Лика, и её палочки с ещё большей скоростью засвистели перед моими глазами.

- Ну ладно, ладно будет тебе. Ты же знаешь, что я тебя и пальчиком не трону – обиженно среагировал я и на всякий случай сделал шаг назад. Палочки исчезли так быстро, что я и не успел заметить, куда она их спрятала.

- Но ты не думай, что это всё, что я умею, - сказала и она и через какую-то секунду, перед моим носом появилась её пятка.

- Ну, а это уже чистый балет. И это всё, чему ты там в своей балетной школе научилась? –недоумённо спросил я. В моей голове всё никак не укладывалось её хрупкий на первый взгляд внешний вид, и эти совем не из балета движения.

- Может всё-таки пойдём и для начала позавтракаем?
- Ты иди, а я пока ещё чуток потренеруюсь.
- Ты знаешь, я что-то передумал. А можно я тут побуду?
- Ну ладно, только сиди тихо.

Я присел на лавочку и стал с изумлением наблюдать за её дальнейшей тренировкой. В какой-то миг, от страха, меня прошиб пот, я вспомнил баню и борьбу с самим собой, вернее со своими нечеловеческими желаниями. Хорошо всётаки, что я сдержался, а то лежать бы мне сейчас там с синяком под глазом. Хотя кто его знает. Но я теперь точно знаю, что за неё могу быть совершенно спокоен. Уж она себя в обиду не даст. Вот тебе и хрупкая девочка-балерина. Немного позже она расскажет мне о своём увлечении восточными видами борьбы и причинами толкнувшими её, пойти на этот шаг.

Глава 4
Выпускной бал

Я сидел на лавочке и тупо смотрел вдаль. Настроение было отвратительным. Прошла неделя, с того дня, как уехала Лика, а я всё никак не мог прийти в себя. В душе моей царил хаос и тупое безразличие ко всему окружающему миру. Моё дальнейшее существование потеряло всякий смысл и я невольно стал ловить себя на том, что всё чаще и чаще начинаю подумывать о возможных вариантах её прекращения. Чисто физически я был в норме, а вот с психикой творилось что-то непонятное и не совсем приятное. Моя душа стала пленником замкнутого пространства, выбраться из которого становилось всё меньше сил и желания. И я был там не один, вернее не один на один со своею душою. С нами был там и кто-то третий, злой и капризный, требующий всё больше и больше внимания к своей особе. Временами он злорадно улыбался, прокручивая в мой голове различные сценки моей кончины, временами впадал в полнейшее уныние и при этом постоянно напевал одну и ту же песенку, вызывающую в моей душе панический страх и ужас, от которого всё тело приходило в состояния тупого безразличия и оцепенения. И только одна эта песенка, заунывно, словно ветер в степи, царила в моей пустой и истерзанной душе.

«*Вот умру я, умрууу. Похоронят меня.*
И никто не узнаааает, где могилка моя...»

Постепенно это нытьё становилось всё назойливее и противнее. Нет. Это уж слишком. И с этим надо кончать. Первая попытка выбраться из этого болота, окончилась полнейшим провалом. Стоило мне только чуть-чуть свесить голову, как тут-же начинала звучать эта противная песенка. Этот третий, весьма крепко вцепился в мою душу и вовсе не собился просто так отпустить её на свободу и тянул и тянул меня, вернее все мои мысли только в одну сторону, в сторону кладбища. В сторону безысходности и бессмысленности жизни. К чему это всё?

Этот дом с яблочным садом и оранжереей для цветов.

Этот холм с одинокой берёзкой, так же устало сгорбившейся на его вершине.

В этот миг, берёза, как будто почувствовав мои невесёлые мысли, зашелестела листвой и вместе с ней свежий порыв ветра, дыхнул мне в лицо. По коже пробежали мурашки и стало зябко и неуютно. Я невольно вздрогнул, и на какой-то миг вышел из состояния оцепения, рядом со мной стоял дед.

А может и не дед, а просто порыв ветра прикоснулся к моей щеке и потрепал мою шевелюру.

Эх деда, тебе хорошо! Ты хоть чуть-чуть успел пожить со своей женой.

Попытался я хоть как-то оправдать своё настроение, но тут же осёкся.

За это «чуть-чуть» он расплатился не одним десятком лет, одиной жизни вдовца, верного до последнего вдоха своей подруге. Нет это тоже не совсем нормально. Мог же ведь найти себе другую. Ну хотя-бы ту же бабу Серафиму.

Чем не пара. А ведь так и прожили рядом, по соседству два одиночества, так и не смогли развести костёр любви, ну а если и не любви, то хотя-бы из сочувствия друг к другу, так сказать по дружески. Хотя нет, здесь я врал самому себе. Друзьями они как раз таки и остались. Но не больше и не меньше.

И я вспомнил, мой первый визит к деду. Как мы с ним возили траву для Бурёнки бабы Серафимы. Как он постоянно заботился о ней, выполняя по дому мужскую работу, которой в любом деревенском хозяйстве, хватало всегда с лихвой. Но и баба Серафима не оставалась в долгу перед ним, потчуя его то вкусным супчиком, то пирогами, а то и просто свежим молоком, которое она почти кажое утро оставляла в глинянном кувшине у порога его дома.

Это был своеобразный симбиоз – обеспечивающий прожиточный минимум взаимного существования двух одиноких пожилых людей. Наверное это их устраивало. У каждого оставался их собственный мир. Мир прошлого, мир воспоминаний и бесконечных диалогов со своим, раньше временем ушедшим из жизни, но по прежнему горячо любимым человеком. Это был их мир, понять который, порою было не всем под силу. Соседи долго судачили, об этих весьма странных отношениях, временами пытались подшучивать над ними, но натешавшись вдоволь, угомонились и оставили их в покое. Ведь у каждого из них и без этого хватало своих проблемм и забот. И главная из них, как в прошлом, так и сейчас, оставалась проблеммой отношений между детьми и родителями. Да и других проблемм тоже хватало. Но всё это было не моё, и где-то там у других и совершенно не задевало и не терроризировало мою душу.

Я почувствовал как вновь постепенно начинаю терять контроль над своими мыслями. И всё это из-за неё. Одиночество. Опять один....

«И никто не узнает....»

Нет. Всё! Хватит. В конце-то концов, она жива, здорова. А я тут поминки справляю. Ведь жил же мой дед столько лет один. И у него даже надежды не было. И жил же ведь. Нормально жил и не ныл вовсе, как я тут сейчас.

Да! Но у него были ещё мы. А что есть у меня?

А у меня есть ещё мои родители. Славо богу все живы и здоровы.

Так чего же это я тогда плачу. Вот возьму и приглашу их к себе, ну хотя-бы на недельку погостить. Только вот сможет ли отец? Он ведь всегда такой занятой, всё куда-то спешит, торопиться. Какие-то там проекты, стройки, объекты, студенты с их дипломами и защитами. Зарылся совсем в работу и ни до кого дела нету. Вернее есть. Но только не до нас. Бедная мать, и как она одна всё это терпит?

Но пока живут вместе, значит терпит. Да и у неё всегда дел хватает. Работа учителя, да ещё в музыкальной школе. Это тоже не у станка день отстоять. Эти постоянные репетиции, концерты, конкурсы, дополнительные занятия на дому. Ну в общем не дом, а какая-то музыкальная филармония и филлиал проектного института одновременно, одним словом проходной двор. То студенты, то школьники. И всем очень срочно, и обязательно нужны либо Василий Петрович, либо Антонину Васильевну, а иначе потоп, наводнение, землетрясение или ещё какое-либо стихийное бедствие. Как будто кроме них, никого больше нет, кто-бы смог им помочь и выручить в трудную минуту. И весь этот народ, ещё хуже чем домашняя скотина. Те хоть по крайней мере не ломятся в квартиру, а тихо и мирно ждут своего часа. Как и я когда-то всё ждал, надеялся и верил. Но так и не дождался, что мои родители и для меня найдут хоть одну или две минутки свободного времени. Вот она цена авторитета в современном обществе. И за это надо платить, и чем? Временем.

Личным временем. И поэтому все спешат, торопятся, хотят везде и всюду успеть, что-бы остаться хоть на какой-то короткий миг в ногу со временем, и доказать кому-то невидимому, свою важность, нужность и незаменимость для общества. Но проще это следует обозначить одним словом – ВЛАСТЬ.

И только их напыщенная интеллигентность не позволяет признаться в этом. Власть над всем и над всяким. Власть над образом мышления и поведения человека. Ибо они, власть имущие всегда лучше всех знают, как надо, где надо и кому надо. Хотя и сами они того не осознавая, являются лишь маленьким колёсиком, в этой большой и страшной машине, именуемой одним словом – Государство. И все мы в нём лишь жалкие марионетки, ведомые тонкими и едва различимыми нитями, нитями закона.

В этот момент, я почувствовал, что начинаю потихоньку выбираться из этого болота уныния, но рискую тут-же попасть в другое, озлобленности и агрессивности. Вот уже и до государства добрался, и законы мне не по нраву. Так что-же теперь прикажете делать?

В анархисты податься. Ломай круши всё подряд, ибо как там нас ещё в институте учили: «Государство – есть аппарат насилия».

Это что же получается? Мы теперь должны насильников поощрять и поддерживать эти дурацкие законы? Так можно и до абсурда дойти.

Законы и государство, как раз-таки и нормальное явление, ибо кто же тогда нас защитит от посягательств, таких вот анархистов и прочего сброда. число которых, минуту назад, готов был пополнить и я.

Просто людям свойственно перегибать. И ещё один фактор, наши животные инстинкты. Чтобы выжить, надо бороться, быть всегда сильным и конкурентноспособным. Быть всегда сильнее и лучше, чтобы не только выжить, но и сохранить и продолжить свой род.

Хотя о моих родителях, этого пожалуй не скажешь, о своём единственном наследнике, они частенько забывали. Но зато всюду и везде мне постоянно твердили: «Мы это делаем для тебя, для твоего счастливого и обеспеченного будущего». А я не хочу жить в будущем. Я хочу жить здесь и сейчас. Здесь и сейчас быть рядом со своими родителями, чувствовать их заботу и внимание, их теплоту и любовь. И для этого не обязательно стремиться заработать как можно больше, что-бы потом купить дорогие подарки. Купить или откупиться?

Ну вот, теперь я и до родителей добрался. А сам? Сам то, что сделал?

Вместо того, чтобы быть рядом и помогать им, взял и сбежал.

А ведь мог бы стать, как и отец, архитектором или на худой конец строителем.

Способностей хватало, да и отец был бы только рад. Он ведь так надеялся на это. Так мечтал об этом, что вот однажды, его сын, ещё выше поднимет их фамильное знамя, да так, что весь мир заговорит о них. О их семейной династии великих зодчих, архитекторах будущего. Великие и не великие, но они все, рано или поздно умирают, а их творения остаются стоять на века. Но разве им одним, обязано человечество. А как тут быть с другими, кто вложил в эти идеи не только свои знания, свои гениальные изобретения, но и просто свой нормальный, и чаще всего адский и изнурительный труд, во благо истории, во благо государства.

И где они теперь, эти все каменьщики, столяры и плотники и другие работники?

Их так же давно уже нет и никто о них не вспомнит, потому что это практически не возможно, потому что их бесчисленное множество.

Так же, как и те песчинки, которые когда-то все вместе составляли единое целое, большого и красивого замка. Хоть и песочного, но мною придуманного и слепленного моими руками, ещё тогда, там в детстве, в этой маленькой дворовой песочнице....

Эх Лика, Лика. А я ведь до сих пор так и не знаю, как мне дальше быть и как это всё понимать? Этот твой столь неожиданный приезд и столь-же непонятный и внезапный отъезд. Хотя, может быть, это только для меня он был внезапным и неожиданным. Все эти годы я мечтал только о ней, и жил только этой мечтой, которая оказалась столь-же сказочной и нереальной, как и мой песочный замок. Я мечтал, как в сказке, поймать эту прекрасную жар-птицу и посадить её в клетку, что-бы потом единолично любоваться и наслаждаться её крастотой.

Но это мне так казалось. Скорее всего наоборот, она играла со мной, как кошка с мышкой, то отпуская на волю, то сжимая в своих нежных и пушистых с острыми коготками лапках. Наверное это судьба. Хотя с другой стороны.

Я был у неё единственный, кого она так близко подпустила к своей особе.

По крайней мере в нашем классе, это точно. Как же это давно было...

****

После того, столь «неудачно» прошедшего для меня, первого дня учёбы, я в первые почувствовал это удушающее ощущуение безисходности.

О спокойной и нормальной учёбе можно было забыть.

С одной стороны меня ждали насмешки ребят и ехидные улыбки девчонок, которые до этого всегда заискивающе улыбались. С другой, у меня появился очень сильный и умный противник. И что хуже всего, его сила была совсем другого рода и заключалась она в красоте, в умении держать себя и всегда прекрасно и изыскано выглядеть.

К моему великому удивлению, все мои опасения оказались напрасными. Всё решилось очень даже просто, без кровопролития и драки.

После занятий, она сама подошла ко мне и попросила извинения за её столь необдуманный поступок с рисунком яблока. Она думала, что у меня есть ещё другие рисунки и может даже лучше этого. Но менять что-то было уже поздно. Дело было сделано.

Совершенно не ожидав такого поворота событий, я набрался смелости и предложил ей проводить её до дому. Так как она у нас была новенькой и вполне возможно недавно приехала в наш город. На что она, к моему великому удовлетворению, ответила согласием, и даже добавила, что сама только что хотела попросить меня об этом одолжении.

С этого дня я стал бессменным и единственным телохраниелем, нашей новенькой ученицы. Жизнь потекла совершенно по другому руслу. О так называемом соперничестве или конкуренции не было и речи. Наоборот мы только дополняли друг друга. И это с каждым днём всё больше и больше давало нам стимул быть ещё лучше. Наша учёба превратилась в увлекательное путешествие в страну знаний. Мы перестали учиться ради оценок в дневнике. Каждый пытался узнать и открыть что-то новое. Круг наших интересов постепенно стал расширятся. Одной чистой математики стало мало. Мы полезли в историю, в литературу, в географию, химию, физику. Одним словом неинтересных предметов для нас не стало. Мы стремились во всём, найти что-то более привлекательное, что-то своё. Глядя на нас, стали подтягиваться и другие ученики. Ну а о преподавателях и говорить не приходиться. Их уроки стали более интереснее и насыщеннее. Попытки неудачников разбить наш союз, кончались полным провалом. Всё шло так хорошо, что я уже и представить не мог, как хоть один день проживу без неё, без моей Лики. Она была моим воздухом, которым я дышал и не мог надышаться каждый день. Она была моим небом, по которому я летал и не боялся упасть. Но ещё оставалась и Земля. Наша жизнь с её реалиями, которые очень скоро дали о себе знать.

Хоть мы и стали хорошими друзьями и научились понимать друг друга с пол-слова, я не мог себе сказать, что знаю о ней всё. В том, что она была очень аккуратной и способной девочкой, я не сомневался. К тому-же у неё была прекрасная память и она умела внимательно слушать, оставаясь при этом весьма сдержанной и немногословной. Её наблюдательность и умение разбираться в людях меня просто поражали. Но самое главное - это её лицо. Эти глаза, этот проницательный взгляд и её улыбка. Она была настолько обворожительна, что очень часто сбивала меня с толку, и я терял дар речи, забывая всё то, что хотел ей сказать. Поняв это, я стал избегать её взгляда, и если хотел рассказать ей что-то интересное, смотрел всегда всторону.

А рассказывать я любил и за короткий промежуток времени, она узнала обо мне всё. Была в курсе и всех домашних дел и событий, которыми изобиловала бурная трудовая деятельность моих родителей. В то же время я совершенно ничего не знал ни о её родителях, ни о её прошлой жизни. Одним словом она была для меня сама загадка. Наше общение было тоже весьма ограниченным. Каждое утро мы встречались у подъезда её дома, шли до школы, а после уроков, тем же путём возвращались домой, к месту нашей встречи.

И этот дом, где она жила, стал для меня олицетворением неприступной крепости, в которой жила прекрасная принцесса.

Брать его штурмом, то есть напроситься в гости, было для меня как-то нелепо и глупо. Ведь там, в этом доме, была её квартира, её комната, её мир.

Мир, в который меня пока что не звали, но я не терял надежды, однажды быть приглашённым и попасть туда мирным путём, и увидеть её комнату, её вещи, которые каждый день окружали её. Моё воображение рисовало шикарные аппартаменты, дорогую мебель, рабочий кабинет её отца, с множеством книжных шкафов, до упора забитых различными старинными книгами. Её отец обязательно должен быть каким-нибудь видным учёным, профессором или академиком или же занимать высокий правительственный пост. И вот это всё удерживало меня от попытки попасть в их дом, и я порою даже был рад тому, что меня туда не зовут. Мне были дороги те отношения, которые завязались между нами, и потерять всё это, из-за своего глупого любопытства я не хотел. А в том, что это было именно так, я ни капли не сомневался. Ведь не могла же такая ухоженная, всегда аккуратно и изящно одетая девочка, выйти из простой обычной семьи. Мне это даже и в голову не могло прийти. И поэтому, чтобы не ударить в грязь лицом я старался всё больше и больше превознести своих родителей. Каждый день я рассказывал ей о том, какие у меня замечательные предки, как их все ценят и уважают. Она же только слушала и как-то грустно улыбалась, что делало мои предположения ещё более реальными. Да, скорее всего это так и моим до её родителей не дотянутся, и всё что я тут лопочу, просто мелочи. Я был ослеплён своей же фантазией, но продолжать всё это дальше не смог. Что-то вдруг остановило меня.

В какой-то момент, я понял, что все мои восторженные высказывания о них, носят какой-то казённый и наигранный, и почти детский характер.

Да, они у меня важные и уважаемые в городе люди. Но это было не для меня, это было против меня. С одной стороны, они делали всё для моего будущего, а с другой...

Я был, постоянно один. Один на один со своим настоящим. Я слишком рано стал самостоятельным, вернее был предоставлен самому себе. Конечно я мог ввязаться в какую-нибудь компанию, пристраститься к алкоголю и табаку, а может и ещё чего похлеще, но благодаря общению с ней, этого не случилось.

Моё свободное время было расписано по минутам. Вернее его можно было разбить на две части. Одна часть, это прогулки до школы и обратно с Ликой, другая – книги. Я очень много читал, любил фантастику и приключенческую литературу. Ну и конечно уроки. Хотя с ними было всё гораздо проще. Учился я легко, без особого насилия над собой, потому что мне это нравилось. Нравилось каждый день узнавать что-то новое, необычное, чтобы потом об этом поделиться с Ликой, узнать её мнение. И каждый раз поражался её эрудиции и прекрасной памятью. Удивить её было практически невозможно.

Иногда начинало казаться, что она не просто обычный человек, а человек из будущего, случайно попавший к нам на машине времени. И всё-таки она была обыкновенным человеком, она любила мороженное, любила ходить в кино, в театр. Но особый восторг, который я не очень то разделял, вызывал у неё балет. И чего хорошего она в нём нашла. Бегают и скачут по сцене, полуобнажённые девицы и юноши в обтянутом трико. Единственно, что мне понравилось, так это накаченные ноги парней и их способность легко и изящно перемещаться по сцене. И это всё, что я мог сказать о балете.

Ох уж этот балет. Словно в телевизоре, моя память переключилась на другую программу и я вспомнил об одном однокласснике, регулярно посещавшем танцевальный кружок.

Его осанке, его манере двигаться мог позавидовать каждый. А что касается девочек, то тут у него не было отбоя, особенно из младших классов. Только и было разговоров у них, «ах Лёнечка, ой Лёнечка». Я его конечно не осуждаю, тем более, что он был вполне нормальный парень, и своим положением не злоупотреблял, но зато как легко и непринуждённо держал себя в обществе прекрасного «слабого» пола.

Молодец! Вот что значит школа бальных танцев. Как узнал я чуть позже, он ведь тоже когда-то пытался пробиться в большой балет. И может быть мы так и остались просто бывшими одноклассниками, если бы не один курьёзный случай. И случилось это как раз на выпускном балу, где он стал моим первым учителем танцев. В школе ведь нас этому не учили, хотя это было так здорово, кружиться по залу под музыку вальса.

Но всё это я понял потом. А пока....

Последний экзамен, последний звонок в школе, торжественное собрание, речь директора, выступление учителей и выпускников школы. Вручение аттестатов зрелости и в заключение небольшой концерт, устроенный с участием учеников младших классов, ну и конечно выпускной бал. Возбуждённые и растроганные лица учителей и учениц. Разве можно всё это забыть. Это было прощание с детством и вступление в новую, взрослую жизнь. И особо остро, мы это почувствовали на выпускном балу, где увидели красиво и совершенно по взрослому разодетых своих, теперь уже бывших одноклассников, выпускников нашей школы. Выражение их лиц имело весьма противоречивый характер, от напыщенно гордого до испуганного, от робкого до надменно важного. И всё это говорило только об одном.

Всё! Конец. Мы уже не дети. Мы уже взрослые! Но к этой новой роли нам предстояло ещё привыкнуть. А пока..., пока все находились в предвкушении прелестей взрослой жизни. Все ждали танцев. И я ждал, но как-то без особого восторга. Ведь я совершенно не умел танцевать. Но и оставаться дома, было ещё хуже, тем более, что там будет

Лика. Ей то было хорошо. Благодаря её балетной школе, танцы были ей только в радость. Да и вообще, свою будущую жизнь, она мечтала посвятить балету. Чего не совсем охотно понимал и принимал я. И теперь, стоя здесь в зале, пожинал плоды своего невежества. Эх, знал бы об этом раньше, подтренировался хоть чуть-чуть.

Но кусать локти было уже поздно и отступать было некуда. Ничего, ещё не вечер. Хотя в действительности был уже поздний вечер. В зале играла музыка, вдоль стены стояли молодые люди, временами обмениваясь оценивающими взглядами друг с другом и с интересом поглядывая в сторону входной двери, где то и дело, как на сцене театра, появлялись всё новые и новые действующие лица. На этот бал я пришёл один. Лика попросила её не ждать, так как пообещала одной из подружек зайти к ней домой и помочь в наведении марафета, ну а заодно и волосы уложить. И чего их там укладывать? Хотя этого, нам мужикам не понять. Да и бог с ними. Лишь бы поскорее управились.

Только когда вот? Ждать и догонять, самое непрятное занятие и не только для меня. Но мне не оставалось ничего другого, как стоять здесь в банкетном зале и ждать. И я, найдя укромный уголок, словно охотник в засаде, притаился и ждал, так же как и все, изредка поглядывая в сторону входной двери. В том что Лика вот-вот появится, я не сомневался. Больше всего меня беспокоило другое, танцы. Но взглянув ещё раз на лица ребят, я сделал для себя поразительное открытие, которое немного успокоило меня. Я был не один. Вернее не я один испытывал страх перед подобным испытанием.

Этот факт меня весьма заинтересовал и я забыв про собственные переживания, стал разглядывать лица наших ребят, пытаясь таким образом определить, что лежит у них на сердце. И их, таких как я, оказалось абсолютное большинство. Это придало мне ещё больше сил и уверенности, в том, что если я и сделаю что-то не так, то буду не один. А по залу в это время кружилось несколько пар танцующих, да и пары эти были в основном из девочек и учителей. И тут я заметил как красиво и элегантно проплыл мимо меня наш «Танцор» Лёня. Улыбка 6 на 9, никакой скованности. Молодец! И я с белой завистью посмотрел ему вслед. Не то что я, увалень, лапотник, чур....

В этот миг по залу прокатилась волна шепота, и все в очередной раз повернули головы в сторону входной двери. Не поворачивая головы, я тут же понял, сердцем почувствовал, это она.

От моего самодовольного вида не осталось и следа. Его сдуло как последний осенний лист, лёгким дуновением ветра, который слегка пронёсся по залу. Я обернулся на деревянных ногах и увидел её. Да! Это была она.

Прекраснее любой королевы. И она, под восторженный шепот подруг, направилась в мою сторону. А я стоял и ждал, и не мог и шага сделать навстречу. Как будто маленькие, невидимые гномики приколотили гвоздями к полу мои туфли, и мне оставалось только стоять и ждать, раскачиваясь всем телом. Ждать когда подойдёт она и оторвёт меня от пола.

- Здравствуй Серёжа! – нежно проговорила она,
- Ну как мы выглядим?

И только тут я заметил, что она не одна, а с подружкой. Они были почти одинакового роста. Правда подружка была немного плотнее и с более пышными формами тела. И всё это прелесное видение завершала умопомрачительная причёска. Такой я её ещё не видел.

- Танька! Ты что-ли?

Моему изумлению не было предела. Вот что значит шикарное бальное платье и красивая причёска. Вот так, за один миг из вчерашней разбойницы и гадкого утёнка получилась прекрасная принцесса. Прямо таки леди с королевского двора. У наших парней челюсти так и поотвисали. Всё внимание было обращено теперь к ней. Её наконец стали все узнавать. Значит я был не единственный, который был так ошарашен. Банкетный зал пришёл в движение. Все старались как бы невзначай, потихоньку придвинуться поближе к нам.

В этот момент заиграла музыка, медленное танго. Словно из-под земли, вырос наш Лёня и пригласил Татьяну на танец, при этом заговорщески подмигнув мне. Мол, чего стоишь, давай приглашай даму на танец.

Я повернулся к Лике, и небрежно так, дрожащим от страха голосом, спросил:

- Ну что? Потанцуем?

И не дожидаясь ответа, подошёл к ней и замер, как замороженный. Вся беда в том, что я не знал, что мне делать с руками, куда их следует пристроить? Но это была лишь минутная слабость, мимолётно взглянув на других, я подошёл к ней вплотную и взглянул ей в глаза.

Эти глаза. Я потерялся в них, как в бескрайних просторах космоса. Время как буд-то остановилось. И только где-то там в глубине души, радостно и тревожно стучало сердце. Тонкий аромат её нежных духов, ещё больше усилил моё волнение. Я готов был стоять целую вечность, и только её нежный голосок вернул меня к реалиям действительности.

- Ну что, так и будем стоять, или всё-таки будем танцевать?

В этот миг, бесконечный космос изчез, и я покраснев до корней волос, и бормоча нелепые извинения за свою неуклюжесть, и пытаясь уловить ритм медленного танго, задвигалься с ней по залу. Конечно, танцем это назвать было нельзя, но для меня это уже было подвигом. Подвигом, который вдохновил и окрылил меня. С каждым тактом, мои движения становилъ всё раскованнее и свободнее. Расстояние между нами сокращалось с космической скоростью. Миллиметр за миллиметром, я приближался к ней, вернее старался приблизить её к себе. Но был похож скорее всего на того лягушонка, которыйс широко выпученными глазами полз в пасть змеи. Сравнение конечно не ахти какое хорошее, но моё состояние было где-то под стать этому. Ещё чуть-чуть и..., и в этот момент закончилась музыка. Ах как не к стати. Но! У нас был ещё весь вечер впереди. Я как мог, галантно поклонился ей и поблагодарил за танец, и подставив ей свой локоть, как это всегда делал наш Лёня, повёл её к моему излюбленному месту. Там уже нас ждали Лёня с Таней. Таня прямо-таки вся сияла от счастья. Такой радостной и приветливой я её ещё никогда не видел. В голове всё ещё сидел её образ атаманши-разбойницы, которую побаивались даже наши ребята, и поэтому старались держаться от неё подальше. Ну надо-же, какое чудесное перевоплощение, и всё это насколько я понимал, не обошлось без помощи Лики. Ай да Лика! Ай да молодец. Интересно, а как это она пришла на эту идею? Надо будет потом спросить.

В этот миг вновь загремела музыка, но теперь в другом стиле, в стиле диско.

А он был понятен и доступен всем. Влекомые зажигательными ритмами ударника, все ринулись на танцевальный участок. Сразу же стало тесно, но это нисколько не мешало, наоборот даже всё больше подзадоривало молодёжь.

Каждый старался как мог, выделывая руками и ногами различные крендели.

Главное с ритма не сбиться. Всё было здорово. Мои танцевальные страхи, стали исчезать. Тоже самое можно было сказать и о наших ребятках. Они всё больше и больше входили во вкус танца и постоянно требовали повтора.

Но! Ох уж это но. Это не совсем устраивало наших девочек. И в особенности нашу Татьяну. Она подошла к руководителю ансамбля, что-то прошептала ему на ухо, и тот в ответ, с улыбкой кивнул ей головой.

И от этой довольной улыбки, у меня вдруг ёкнуло где-то под сердцем и все страхи, как будто они вовсе и не исчезли, вновь стали вылазить из своих убежишь, и теребить мою бедную душу: «Сейчас чего-то будет. Ой что будет!»

Музыка закончилась и после небольшой паузы, у микрофона оказался руководитель ансамбля и объявил «Белый танец». Наши ребятки с недоумением посмотрели на него. «А это ещё что такое!?» Выкрикнул один из толпы. На что руководитель ещё раз улыбнулся и ответил: «Дамы приглашают кавалеров! Вальс ребятки, вальс!»

По залу полилась перекатистая мелодия вальса и словно Амурские волны она заполнила весь зал и очистила танцевальную площадку. А наших ребят, как ветром сдуло. Я было тоже попытался смыться, но меня остановил Лёня.

Эх, Лёня, Лёня! И что это я тебе такого плохого сделал? Краем глаза я заметил, как в нашу сторону с разных мест направились Лика и Таня.

Ну всё! Попался. Теперь уж точно не отвертеться. Первой подошла Лика и пригласила..., нет, не меня, а этого танцора, Лёню. Да я б ему ноги повыдёргивал, что-б не лез куда не следует. Хотя с другой стороны, должен был себе честно признаться, что весьма благодарен ему, так как он принял этот первый удар на себя. В моей душе всё кипело и бурлило, как на Парижских баррикадах. Мысли как оголтелые проносились одна похлеще другой.

То кто-то с криками «Ура! Даёшь месть! Крови хотим!» - заставляли ещё сильней сжиматься мои кулаки. То будто ангелочки с белыми крылышками нежно шептали на ушко: «Дурачок! Спасибо сказать надо. Ведь он спас тебя от позора. Да и не он, а она его пригласила на танец»

Не знаю, сколько бы ещё вся эта революция продолжалась, если бы не робкий голосок Тани: «Ну что, пойдём попробуем тоже?»

- Чего попробуем? А ты хоть сама умеешь? – и не дождавшись ответа, я резко повернулся и напраился к выходу. Смотреть на это «безобразие» у меня не хватило сил. Тоже мне балетники! Но по дороге к выходу, я всё-же успел заметить, как здорово это у них получалось. Ну прямо как одно целое.

И от этого ещё сильнее защемило на сердце. Всё это конец. Эх Лёня, Лёня!

Хотя он то причём здесь. Скорее всего она.

Я вышел во двор и увидел за углом наших ребят, пока ещё с опаской покуривающих сигареты. В надежде, что это поможет, попросил закурить.

Это была моя первая затяжка. Дым тут же едко полез в глаза и стал колом поперёк горла. Я закашлялся. Оказалось курение тоже не такое уж и простое занятие. Две последующие затяжки, дались легче. В голове всё поплыло.

Вроде полегчало. Все проблеммы стали уходить куда-то вдаль. И только я собрался продолжить это дело, как чья-то рука легла мне на плечо.

«Директор!» От этой мысли я весь съёжился и попытался спрятать сигаретку.

- Так вот ты где! Беглец – услышал я Лёнин голос.

- Вот тебя то мне как раз и не хватало – прошипел я в ответ.

- Слушай Серж! Ты чего? Обиделся что-ли? – не отставал он.

- Ты это самое. Мне с тобой поговорить надо. Только не здесь.

- Да?! – такой оборот дела меня весьма удивил.

- Ну что-ж! Пойдём поговорим.

И мы вдвоём, потихоньку отошли в сторонку, на расстояние, чтобы нас никто не мог слышать. Кругом было темно и за окнами ярко освещённого зала всё ещё лилась музыка вальса. А небо было усыпано звёздами, которые будто живые тоже кружились в ритме музыки.

- Странно, разве звёзды умеют танцевать, - подумал было я, но тут же понял, что дело тут не в звёздах, а в той первой сигаретке. Головокружение сменилось лёгким подташниванием, но свежий воздух и моё возбуждённое состояние помогли мне быстро прийти в себя. И чего хорошего они в этом находят? Чуть не вырвал. Ну да ладно, это их дело. У меня же были дела поважней и размышлять дальше о пользе или вреде курения я не стал.

Убедившись, что дальше идти нету смысла, я остановился и спросил:

- Ну и о чём ты тут со мной поговорить хочешь?

- Да понимаешь, дело тут такое. Лика попросила, что бы я тебя научил танцевать вальс. Но я не знаю, сможешь ли ты, да и захочешь ли ты?

- Как это не смогу? Что я по твоему больной на голову?

- Но ведь ты же сбежал. Ты же не захотел даже посмотреть. А она ведь, ради тебя, меня пригласила, что бы показать, какой это прекрасный танец. А ты сбежал, как трус.

- Кто трус? Я трус? Ну это ты браток хватил. За это ведь можно и по морде схлопотать. Хотя ... Ты прав. А что мне оставалось делать? Знаешь что, ты давай это, покажи мне что надо делать. Может ещё не всё потеряно.

- Вот это другой компот! – радостно воскликнул Лёня, и стал показывать мне основные движения вальса. Потом подошёл в плотную и сказал:

- А теперь потренируемся. Придётся мне на некоторое время стать тебе партнёршей.

- Ничего себе партнёрша, сказал я и расхохотался. Лёня был почти на голову выше меня.

- Ну да ладно! Давай поехали! – и мы под наш собственный аккомпониат, состоящий из трёх тактов «М-па-па, м-па-па» стали в обнимку толкаться на небольшой площадке. Там было очень темно, и это создавало только дополнительные трудности нашему вновь испечённому дуэту.

Зыбыв про всё, мы не сговариваясь направились к фонарному столбу, где было посветлее и асфальт поровнее. Танцевать стало легче и мы уже не так часто спотыкались, совершенно забыв при этом, что нас видят все, а мы почти никого.

И нас увидели. И это были наши ребята, которые отчётливо слышали, как мы собирались потолковать друг с другом. Ну и ясное дело, на каком языке обычно заканчиваются такие разборки. Увидев нас, толкающихся под светом фонарного столба, кто-то крикнул «Драка!» Словно сирена завизжала какая-то девчонка и вся толпа ринулась к нам. Мы тоже успели услышать этот крик и подумали о том-же, и тотчас же, прекратив наши танцевальные упражнения, побежали им на встречу. Не совсем поняв, что там случилось, мы спешили на помощь и чуть ли не лоб в лоб столкнулись с нашими ребятами.

- Где драка? Кого бьют? – налетели мы на них с вопросами.

- Да вы тут дерётесь – ответил один из них. Для них это оказалось тоже весьма неожиданным завершением спектакля.

Через минуту появился учитель физкультуры.

- В чём дело? По какому вопросу собрание? Что уже надоело веселиться? Домой хотите? – всё никак не мог успокоиться физрук.

Дело принимало неприятный оборот.

- Да я тут ключ уронил, ну и ребят позвал, чтобы помогли найти – воскликнул как бы обиженно я, и тем самым погасил напряжённый момент.

- Правда уронил? – всё ещё недоверчиво глядя на нас, переспросил он.

- Ну чего? Ключ нашли-то?

- Да, да! Вот он, родимый.

- Ну что-ж! Тогда живо в зал, а то побросали своих подруг. А покурить вы ещё успеете, это я вам гарантирую.

- Да не курили мы, - больше по привычке стали оправдываться ребята, и чтобы не вызывать дальнейших подозрений заспешили в зал.

Вот такой курьёз, вышел у меня с этим уроком танцев.

А с Лёней с тех пор у нас завязались самые прекрасные дружеские отношения. А чуть позже, выяснилась и ещё одна деталь. Оказалось, что мы тайно завидовали друг другу. Я ему за его лёгкость в движении, а он мне за мою лёгкость в учении.

Остаток вечера прошёл как одно мгновение. С лёгкой руки Леонида, я быстро усвоил вкус танца и уже со второй попытки так же легко и изящно, ну почти так же, как и Лёня порхал с Ликой по залу. Хотя кто его знает, если бы не Лика, то наверняка уже давно свалился или истоптал все ноги своей танцевальной партнёрше. Проверять это предположение я так и не стал, да и зачем? Мне было с ней так хорошо и легко.

Ну а потом была прогулка по ночному городу и встреча восхода солнца и наш первый поцелуй. Такое не забывается. Такое остаётся жить в нашем сердце на всю жизнь. Эти нежные и трепетные губы и неизъяснимое блаженство, словно бальзам, растекающее по всему телу. И в этот миг кажется, что весь мир больше не существует, а есть только одно единое целое, состоящее из двух половинок, и дарящее друг другу нежность и любовь.

И только где-то там, на краю горизонта уходила ночь, уводя за собою разбросанные словно драгоценные бриллианты, россыпи звёзд, как бы прощаясь навсегда и давая дорогу новому началу. Началу нового дня, новой жизни, новой любви и надежде на её светлое будущее. И это было так прекрасно, что хотелось тут же, хоть чуть-чуть, хоть ещё на одну секундочку остановить всё это и продлить это прекрасное мгновение.

Но день неумолимо, всё больше и больше набирал силу и утренняя прохлада, как бы пытаясь остудить наши юные и разгорячённые сердца, ещё раз напомнила нам о реалиях жизни. То тут, то там стали появляться первые прохожие, спешащие на работу и с улыбкой и пониманием глядящие на нас.

В какой-то миг мы почувствовали себя открытыми и беззащитными. Мир стал совершенно другой. И та темнота, которую всегда боялись и не любили все, вдруг оказалась такой желанной. Она, как тёплое одеяло, хранящее тепло нашего тела, всю ночь охраняла нас от посторонних любопытных глаз.

Но увы! С каждой минутой её становилось всё меньше и меньше, и чем светлее становилось кругом, тем всё сильнее и отчётливее мы начинали понимать, то время от которого мы так усердно пытались убежать, кончилось.

Кончилось наше золотое и беспечное детство.

Глава 5
Капитанская дочка

Я сидел на лавочке и всё пытался понять, где я и что вообще со мной происходит. Я был ещё весь во власти грёз и воспоминаний о выпускном бале.

Словно в каком-то старинном забытом кинотеатре я видел фильм.

Фильм, в котором мы опять были вместе. Мы шли по нашему городу к её дому.

Она, нежно прижавшись ко мне, шла рядом. Потом ещё долго стояли у подъезда, и глядели молча друг к другу в глаза. Хоть было и не холодно, но утренняя свежесть потихоньку давала о себе знать. И даже мой пиджак, ещё раньше заботливо накинутый на её плечи, не давал ей желаемого тепла. Взяв её нежные ручки, и спрятав их в своих ладонях, я приблизил их к своим губам и своим дыханием, как это обычно делал зимой, стал согревать эти озябшие маленькие пальчики. И она, улыбнувшись и посмотрев в мои глаза, стала делать тоже самое. И это тепло, исходящее из её губ, вспыхнуло жарким пламенем во всём теле. Мне стало так хорошо, что я невольно всем телом потянулся к ней, но в этот момент, входная дверь предательски заскрипела и стала потихоньку открываться. Этот скрип, словно взрыв бомбы, оттолкнул её от меня, и она не говоря ни слова повернулась и заспешала в свой подъезд.

А я так и остался стоять, прижав руки к груди и пытаясь ещё хоть на секунду сохранить теплоту её дыхания у своего сердца. Не знаю сколько бы ещё это могло длится, но я вдруг реально ощутил это тепло в своих руках.

И это было весьма реальное, физическое тепло. Открыв глаза, я увидел перед собой пушистый колобок, с двумя ярко блестящими кнопками глаз. Невольно вздрогнув, я прижал свои руки к груди, но тут же одумавшись протянул их обратно, чтобы потрепать эту пушистую мордашку. Это был мой старый знакомый, пёс ко кличке Буран.

- Буран, а что ты тут один делаешь? - не задумываясь спросил я.

Вместо ответа, он только радостно завилял хвостом, выпрашивая у меня в очередной раз лакомный кусочек сухарика. Потом неожиданно вскочив, заметался на месте, то и дело поглядывая на тропинку, которая была за моей спиной. Я обернулся и увидел свою соседку, Симу.

И это была не баба Сима, нет. И не та маленькая озорная и вертлявая девочка, которую я увидел когда-то давным-давно в доме у бабы Симы. Это была уже стройная и весьма симпатичная девушка.

«И куда только мужики смотрят?»

Эта шальная мысль, как-то невольно вырвалась в моей голове и тут же исчезла. Мне сейчас было не до этого. Просто стало интересно, чего её занесло на эту гору?

Но она, как это очень часто случалось, сразу же накинулась на бедного пса.

- Буран, ты чего это, опять попрошайничаешь. Тебя что, дома не кормят?

Бедный пёс, пожав хвост, стал потихоньку подлизываться к своей хозяйке, как бы показывая, что он здесь ни при чём и вёл себя весьма прилично.

- Ну ладно, ладно. Подлиза. Иди гуляй – и тут же обернувшись ко мне добавила

- Ой, вы уж извините. А мы вас по всей деревне ищем. Тут вам почта пришла. То ли посылка, то ли бандероль. Но это вы можете на почте узнать.

Сегодня утром почтальён заходил к вам домой, а вас нет. Вот и попросил передать, что вам посылка. Нам он её не оставил, так как требуется ваша подпись. Вначале мы думали, что вы в правление уехали. Пытались дозвониться туда, но там сказали, что вас уже целую неделю там не было.

Уж не захворали ли Вы часом? Может врача вызвать?

- Какого врача? Сима, ты чего это тут болтаешь. Да и с чего это мне хворать, я здоров как... И вообще у меня вполне законный отпуск. В кои веков вырвался на недельку, и то не дадут спокойно отдохнуть. Ну да ладно. Так что ты там про посылку говорила?

От кого она? Не знаешь?

- Ой, что вы, Сергей Васильевич. Я её только издали видела. Какая-то очень важная, наверное правительственная, вся в печатях.

- Вся в печатях говоришь? Ну тогда чего мы ещё здесь стоим. Скорее вниз. И где ты говоришь она меня ждёт? На почте. А что не могли в сельсовете оставить? Теперь вот в райцентр ехать придётся. Ну бюрократы. Подпись им моя вдруг потребовалась, как будто я сюда только вчера приехал.

Минут через пять я уже заводил наш совхозный уазик. А рядом стояла Сима и вопросительно смотрела на меня.

- Ну чего тебе ещё?

- Ой, а вы в райцентр? А вы меня с собой возьмёте?

- Ну ладно садись, только мигом.

Второй раз повторять не пришлось, и уже через минуту наш уазик мчался по пыльной дороге в сторону райцентра.

На какой-то миг я забыл о своих переживаниях и размышлениях о Лике и в голове вертелся только один вопрос: «И что же это за такая важная посылка ждала меня? Что же в ней может быть такого ценного? Может ответ из министерства на мой запрос по поводу улучшения ирригации нашего района?»

Но тогда бы об этом я узнал ещё раньше, по телефону. Нет, тут что-то не то?

Ладно приедем разберёмся.»

В этот момент, я случайно обернулся и увидел радостно сияющее лицо Симы.

И чему она так радуется? Ну прямо таки вся сияет от счастья. Хоть бери свет выключай и всё равно кругом будет светло. Эх ты солнышко. Но странное дело, тех детских веснушек на её лице, я уже не увидел. Губы слегка подведены губной помадой, ресницы подкрашены. И когда только успела?

- А ты чего это в райцентре потеряла?

Этот неожиданный вопрос, застал её в расплох. Она вся покраснела, но тут же быстро овладела собой и ответила, что мама попросила купить ситцу на платье. «Странно, с какой бы это стати?» - подумал про себя я, но своё расследование продолжать не стал. В конце-то концов это её дело. Надо, так надо. Жалко нету. Спасибо что нашла. А то так бы и просидел там под берёзой.

Посылка действительно окзалась странной. С уведомлением на предъявителя. Вернее это была небольшая бандероль. Вся обмотанная верёвками и обклееная сергуными печатями. Таких я ещё не получал.

Обратного адреса не было. Только номер почтового ящика. Странно.

И кто бы это мог послать мне такое?

«Сейчас открыть, или дома? Да нет, пожалуй сейчас.»

Я попросил ножницы и с нетерпением стал разрезать эти верёвочки, словно паутина опутавшие эту драгоценную добычу.

Раскрыв коробку, обнаружил в ней толстый конверт с письмом и маленькую коробочку. Моё дальнейшее исследование содержимого посылки, было прервано нервным возгласом: «Молодой человек! Вы не у себя дома. Не могли бы отойти в сторонку!»

Я оглянулся, и только теперь заметил, что за моей спиной потихоньку собиралась очередь, желающих получить свою почту у единственного окошка.

Извинившись и вернув ножницы на место, я отошёл в сторону, держа в руках это драгоценное послание. И было оно вовсе не из министерства, а от неё.

О том, что это было именно так, я уже и не сомневался, хотя не видел ещё ни одного слова. Судя по толщине конверта, письмо было большое, и читать его здесь на людях, как то стало неудобно. Ну что-ж, тогда домой и как можно скорей.

Маленькая коробочка, казалось жгла руки. Скорей, скорей домой.

Но сев за руль машины, я вспомнил, что я приехал сюда не один, и так быстро уехать у меня теперь не получится. Ну что-ж пошли искать Симу. Эх жаль Бурана рядом нет. Он бы быстро управился. Так куда она могла пойти?

Ну конечно же в галантерею. Благо центр был не большой и все магазинчики находились рядом с почтой. Выскочив из машины и сделав два шага, стал как вкопанный. Как быть? В машине оставалась столь ценная для меня посылка. Бегать с ней по всем магазинчикам было тоже весьма глупо. Сидеть и ждать, тоже не доставляло большого удовольствия.

«И зачем я её только с собою взял?»

- Сергей Васильевич! Вы кого-то ищете?

От неожиданности я вздрогнул и обернулся. Это была Сима.

- Ух! Как ты меня напугала. Ну ты как? Купила уже что-ли свой ситец?

- Нееет. Не было подходящего. Да и вообще я передумала. Потом куплю.

С вами мужиками лучше в магазины не ходить. Вам же всё поскорее надо.

У вас же важные дела. Ну и как получили свою посылку? Что-то очень важное? Небось из-за границы? У меня подружка однажды...

- Стоп, стоп, стоп! – попытался я остановить бесконечный фонтан вопросов и ответов. – Я что с тобой по магазинам ходил? Или мешал тебе сделать покупку? Ты это брось, и если тебе что надо, то покупай сейчас.

Ещё раз, специально из-за тебя я сюда не поеду. Так что давай чеши, а я уж подожду. И не переживай. Пол часа тебе хватит?

- Нет! Не хватит. И вообще..., у меня это, у меня денег нет. Я кошелёк дома забыла.

Последнюю фразу Сима произнесла глядя себе под ноги, как будто там можно найти кашелёк.

- Вот те раз! Маша-растеряша. И какого-то ты, тогда ....

Но видя, как улыбка потихоньку сползает с её лица я понял, что продолжать не следует, иначе будет как вчера.

- Ну ладно, ладно. Не реви. А хочешь я тебе дам сколько надо, а дома отдашь? Хотя и у меня не густо, но на кусок тряпки я думаю хватит.

Я протянул ей свой кошелёк, но она потянувшись было к нему рукой, тут же её резко отдёрнула и тихо сказав: «Спасибо, не надо» пошла к машине.

Домой мы ехали в полной тишине. Нашу весёлую и говорливую Симу было не узнать. Она молча сидела на своём месте и с грустью смотрела куда-то вдаль, в сторону уходящего горизонта.

Не люблю неопределённости. И чего это с ней. Что я ей такого сказал?

А так радовалась. Эти бабы, как дети, любой тряпке рады. А тут облом, вот и надулась. Стой. Но ведь она же и не уходила, а была всегда рядом, за спиной.

Она ведь со мной на почте была. Тихонько так стояла сзади и шпионила.

Тьфу-ты. Ну прямо-таки шпионские страсти. И чего это ей за мной шпионить?

Вот об этом мы сейчас и узнаем, подумал я и спросил:
- А ты что, в магазин так и не ходила?

Сима не ответила и только повернула голову в сторону.

- Ей! Девушка! Я кажется у вас чего-то спросил. Ну что с тобой в конце-то концов случилось? Я что, что-то не то сказал? Обидел чем? Почём зря надулась? Молчишь? Ну и ладно, дело твоё.

Остаток пути проделали в гробовой тишине, если не учитывать громыхание машины, едущей по ухабистой дороге и где-то там в вышине заливистого пения жаворонка, которого в любом случае мы не могли услышать. А вот и её дом. Не дождавшись полной остановки машины, Сима как ошпаренная выскочила из кабины и помчалась домой.

- Странная какая-то – подумал я, но тут же охваченный другой мыслью забыл об этом и заспешил домой.

Дома всё было по прежнему. Тихо тикали настенные часы, отмеряя с неизменным постоянством минуты и часы, которые потом складывались в дни и годы нашей жизни. Жизни полной ожиданий и надежд.

Вот и в этот раз, я стоял посередине комнаты, полный ожиданий и страха перед неизвестностью. Этот столь заветный конверт был в моих руках и уже никто не помешает мне открыть его и прочитать в полном уединении и спокойствии. Но я стоял и не мог сдвинуться с места. Что-же такого могла написать мне Лика? Сердце тревожно подсказывало, ничего хорошего.

Очередной удар по моему Песочному замку. От которого и следов уже почти что не осталось. А может в этот раз всё не так? Может всё будет по другому?

Ладно, не будем гадать на кофейной гуще.

Вот оно это письмо, исписанное мелким красивым и аккуратным почерком.

Почерком, в котором мне была знакома каждая буковка....

Глава 6
Прощальное послание

«Здравствуй Серёжа!

Ты извини меня, если сможешь, за столь внезапный отъезд.

Но рано или поздно, это должно было случиться. Я ещё сама до конца не знаю как это всё смогу пережить. Мне с тобой было так хорошо, так уютно и мило. Ты у меня самый любимый и близкий моему сердцу человек.

С того самого первого дня, ещё тогда в детстве, у той самой песочницы.

Помнишь, как я сломала твой великолепный «Песочный замок» и плакала потом. До сих пор не могу понять, что это тогда было?

Какая-то неведомая сила потянула меня к тебе и в то же время страх.

Страх потерять свою значимость и независимость заставил меня пойти на этот шаг. Но испугалась я в этот день не этого. И этот страх преследовал меня долгие годы. Я боялась, что этот мальчик не сможет меня правильно понять и будет мстить мне при первой же возможности. Но к счастью, а может быть и нет, наши пути с тобой в этот день разошлись. И опять же, когда всё улеглось и почти забылось мы встретились вновь. И вновь очередной глупый поступок с моей стороны.

Хотя на тот момент, это была уже не та маленькая и глупенькая девочка и ты уже стал почти юноша, который смотрел на меня такими завороженными глазами... Я тебе так благодарна, за то, что ты понял меня и простил за этот каприз. Ты славный парень. И мне всегда рядом с тобой было хорошо и уютно. Ведь ты весь такой домашний, чистенький, ухоженный и самое главное не глуп. С тобой было всегда интересно. С тобой я могла действительно радоваться жизни, желать которую было бы сверх моих мечтаний. И родители у тебя такие замечательные, интеллигентные и образованные, но я почему-то постоянно испытывала страх перед ними. Нет не за себя. А за моих. Я каждый день со страхом ждала, что однажды узнав о том, кто они и чем занимаются, они запретят тебе со мной встречаться.

И тогда всё, тогда конец. Ты бы от меня отвернулся.

...Глупенькая, ну разве можно так думать за других. И чего я её об этом раньше не спросил? Всё боялся. А вдруг дочка какого-нибудь министра? Вот тогда точно мне был бы конец. Хотя всё это чушь собачья. А почему собачья....?

... Ты бы от меня отвернулся. Потому что мой отец военный. И дослужился пока что только до капитана. Так что, как видишь, я у тебя, как в той Пушкинской повести «Капитанская дочка». Да и вообще история моих родителей и их судьба, ничем не отличается от судеб других людей связавших свою жизнь с Армией. В ней на первый взгляд всё

просто до банальности, но не так просто в реальности. Будучи ещё курсантом, он познакомился в Москве с молодой дувушкой, родители которой были высокопоставленные чиновники. Но дело не в этом. Они её знакомство не одобрили, и были даже категорически против. Но мои будущие родители, тогда были ещё очень молоды и горячо любили друг друга. По окончании военного училища, мой отец был направлен в Среднюю Азию, в какой-то захолустный городок. Но это не испугало их и они поженившись тайком уехали. А чуть позже родилась я.

И вот тут-то и начались трудности. Отца постоянно не было дома, а мать привыкшая к красивой светской жизни, просто сходила с ума со скуки. И в один «прекрасный день» она просто сбежала с одним из сослуживцев отца, которого повысили по службе и перевели в другой город, что был неподалёку от Москвы. Мне тогда уже шёл пятый годик, и я не совсем могла это всё понять. И всё ждала, что вот-вот за мной приедет мама. Но этого к моего горькому разочарованию не случилось. Уж очень рано я стала вполне самостоятельной девочкой, хотя за мной постоянно присматривали кто-нибудь из соседей.

Отец тогда конечно сильно расстроился, и начал было пить.

В нашей квартире, стали часто собираться его друзья и конечно не для того, чтобы почитать любимые стихи. Однажды дошло до того, что один из «друзей» в пьяном угаре вдруг увидел во мне женщину и решил излить мне свои чувства. Я тогда всё никак не могла понять, что же хочет от меня этот дяденька, но благо вмешался мой отец. Завязалась драка.

И вот тут то я очень сильно испугалась. Но благо их быстро разняли.

А месяц позже, этот друг подорвался на мине. Было проведено следствие, которое установило причину взрыва, несчастный случай. Но отца после этого случая лишили очередного звания и перевели в другое место. Чуть позже он отвёз меня к своей сестре. Он любил меня очень, и всё делал только ради меня. Пить он конечно бросил, но стал замкнутый и нелюдимый. И только тогда, когда я была рядом, на его лице сияла улыбка. Все последующие годы я так и жила у тёти, приезжая на каникулы к отцу. Второй раз он так и не женился. Вот так и пошло, что самым главным в его жизни стала армия и я. Эта армейская жизнь для меня, пока я была маленькой и рядом всегда была мама была безразлична. Потом, когда мы были вынужденны жить отдельно, я стала её ненавидеть, но позже смирилась с этим и привыкла. Отец, мечтавший до этого иметь сына, тоже по началу расстраивался, а потом привык и после побега моей матери, все свои неразделённые чувства перенёс на меня. Он стал как волк-одиночка, готовый на всё ради его любимой дочери. И я с годами всё больше стала разбираться во всех этих армейских делах, и была готова пойти по стопам моего отца, но девчонок в армию не брали. Чему несказанно был рад мой отец.

Он даже наоборот, старался как можно подальше увести меня от этой стези, и попросил свою сестру записать меня в балет. Но чем дальше он пытался меня увести от всего этого, тем ещё сильнее разжигал во мне желание быть ближе к нему. Его воинская специальность постоянно требовала высокое самообладание и хорошую физическую подготовку.

Ну об этом ты и сам лучше меня знаешь. Вот так и я потихоньку глядя на него, паралельно с балетом стала осваивать исскуство рукопашного боя.

Кое что, после моих многочисленных и настойчивых просьб, показывал мне отец, кое-что подглядела сама на тренировках других. Потом пришли и восточные виды борьбы, и кое что из этого ты уже видел. Одним словом, я очень многим обязана моему отцу, и хотелось хоть как-то отблагодарить его за это. Я его единственная надежда и опора. Узнав о том, что его могут направить на службу за рубеж, я дополнительно освоиласпециальность медсестры, и теперь еду к нему, что бы быть с ним рядом и в трудную минуту поддержать и защитить его.

Девчонка! Глупая и наивная девчонка. Ну куда она лезет. Ишь чего надумала. То же мне Аника-воин в юбке. И куда только отец смотрит. То же мне любящий папаша. Потащил дочку с собой под пули. Глупо. Ну просто до отупения глупо. То же мне защитница. Сидела бы дома, нарожала бы ему внуков. И то было бы больше пользы, а тут?

Я конечно понимаю, что с твоей точки зрения это всё глупо. Ты же у нас пацифист, всё мечтаешь в тихом уголочке отсидется. Для тебя военные, это всё оловянные солдатики без души и мозгов. Это я уже давно поняла.

Но сидеть дома, нарожав кучу детей, и зарывшись в кучу пелёнок и распашонок, каждый день ломая себе голову, чем кормить эту ораву, это не моё. Может действительно мне надо было пацаном родиться. Но теперь об этом уже поздно думать. Так что дорогой мой Серёженька, если что и было между нами, так это только минутная слабость. Да и то, это я сделала ради тебя. Ты уж пожалуйста прости меня, но я такая какая я есть и другой стать уже навряд-ли смогу. И ждёт меня теперь дальняя предальняя дорога.

Так что, Серёженька, чем быстрее ты меня забудешь, тем лучше будет для тебя. И ещё одна последняя просьба. Те золотые серёжки от Серёжки, я возвращаю тебе, с просьбой передать это одной девушке из вашей деревеньки.

Ты её должен знать. Она прибегала ко мне, на холм с огромным псом. Мы с ней так «мило» побеседовали.

А она недурна, и похоже тайком сохнет по тебе. Но только боится тебе в этом признаться. Вначале всё это меня расстроило, но потом даже обрадовало. Теперь я могу спокойно заниматься своими делами, зная что рядом с тобой, столь горячо любящий и преданный тебе человек. Береги её. Она этого заслуживает. Надеюсь, что ты как порядочный человек, выполнишь мою просьбу и передашь эту маленькую коробочку ей. Просьба, если можно не открывать, я вложила туда небольшое послание для неё. Можешь не переживать, ничего плохого я ей не написала.

Хотя в принципе можешь и открыть. Всё это теперь в твоей власти.

И от того, какой будет следующий твой шаг зависит вся твоя судьба, и не только твоя. Поэтому прошу ещё раз, подумай хорошенько и не глупи.

И не поминай лихом. Искать меня бесполезно, да и надо ли?

Будь счастлив! Прощай.

Ах да! Чуть не забыла. Ты наверное теперь задаёшь себе вопрос, а зачем я собственно к тебе приезжала. Отвечаю – попрощаться и ещё раз напоследок взглянуть на тебя. Я вообще-то и не думала у тебя задерживаться, только взглянуть на последок в твои глаза и всё. Но не удержалась. Прости.

****

Ну вот и всё! От моего «Песочного замка» не осталось и следа.

Я взял в руки маленькую коробочку с украшением и медленно, словно во сне, побрёл к дому Симы.

У ворот меня радостно встретил Буран, и я чуть было не скормил ему эту коробочку, но вовремя остановился и достал из кармана парочку сухариков, которые тут же исчези во рту, радостно вилявшего хвостом Бурана.

Всё было так, как будто это уже однажды было. Пёс потащил меня в сторону летней кухоньки. Я подойдя к двери, тихонько постучался и услышав знакомое «Войдите» толкнул дверь и тут же очутился в маленькой уютной и чистенькой кухоньке. Здесь так-же как и когдато давным давно вкусно пахло вареньем, но у плиты с большой ложкой в руке, стояла теперь не баба Сима, а её дочь, мама Симы-внучки. А за столом сидела сама Сима и пыталась изо всех сил освоить новый метод чтения книги вверх ногами. Точнее сказать сама Сима сидела правильно, а вот книгу держала не совсем нормально.

Увидев это, я улыбнулся, но не подав виду, поздоровался с ними и добавил:

- Вот – и протянув руку уже собирался отдать Симе эту коробочку, но передумал и добавил:

- Вот, тут это. Хорошая погода. Жарко. Может на речку сходим, искупаемся, позагараем?

На короткий момент, в кухне воцарилась полнейшая тишина, и только где-то там, в глубине моей памяти, я вдруг ясно и чётко услышал радостный детский крик: «Ула! На лецьку! На лецьку!»

****

Виктор Кнейб

Книга 2
ПРИЗРАЧНЫЙ ЗАМОК

Глава 1
Случайность

Как же это всё давно было?!

Моё детство и эта маленькая девочка Сима, с её столь зажигательным и бурным проявлением радости по поводу предстоящей прогулки на речку...

«Ула! На лецьку! На лецьку!»

Этот нежный и радостный детский голосок, несмотря на мой тогдашний, довольно таки юный возраст, запечатлился в памяти настолько сильно, что даже и теперь, спустя много лет, я вспоминаю эти минуты, настолько ясно и чётко, словно это было только вчера. Вспоминаю и с сожалением, а может даже и с ужасом начинаю понимать, что это всё было, что это всё, уже давным-давно в прошлом, как в прошлом и многое другое, о чём с превеликим удовольствием я забыл-бы и больше не вспоминал. Но всё взаимосвязано и выкинуть из прошлого что-либо одно не возможно. Либо всё, либо ничего. Да и сама жизнь без памяти о прошлом потеряла бы всякий смысл. Это наш драгоценный груз, который с нами всегда, днём и ночью, на отдыхе и в работе. Багаж, который мы иногда достаём, разглядываем со всех сторон, а потом: либо тяжело вздохнув, либо улыбнувшись, убираем обратно. Похоже, что и теперь наступил этот самый случай, и я, сидя на лавочке под берёзой и глядя задумчиво в даль, вновь отправился в путешествие по времени. С той лишь разницей, что находясь там, я уже не был главный герой, а всего лишь сторонний наблюдатель. Я был там как призрак, который видел и чувствовал всё, но изменить что-либо не мог. Вот так из «Песочного замка», который я пытался соорудить когда-то в детстве, получился другой - «Призрачный замок», такой же нереальный и недоступный, как и его предшественник.

Ну что-ж, даже если это и действительно так, то это ещё не значит, что попасть туда совершенно не возможно. Есть у каждого из нас, золотой ключик, открывающий врата этого замка и называется он «Память». Так что, не будем терять время и поспешим скорее туда.

Добро пожаловать в «Призрачный замок». А вот и он, наш главный герой: Серёжа, Сергей Васильевич. Молодой человек, у которого ещё всё впереди, хотя сам он в этот момент так не думает. Всё хорошее у него уже прошло и ждут его только серые и безрадостные будни. Он ведь совсем недавно потерял самого дорого и любимого человека. Хотя если честно, то слово «потерял», здесь было-бы не совсем уместно. Потерять можно вещь, но вот потерять человека? Даже если он и уйдёт от нас из жизни, потерять его не возможно, до тех пор, пока с нами, наша память. Вот там то и остаются и живут они вместе с нами дальше, близкие нам люди. И благодаря нашей памяти мы и дальше поддерживаем с ними связь, советуемся, делимся нашими радостями и печалями. Так что потерять, тут при всём желании не возможно. Скорее всего на некоторое время потерять из виду, в связи с его физическим отсутствием.

И всё равно, что тут не говори, но это было очень слабым утешением для нашего молодого человека, да и вообще, в то время он и думать так не мог. В его голове постоянно крутилась только одна мысль, мысль о том, что в его жизни случилось что-то ужасное и непоправимое. И он, как ни старался, но так и не смог найти этому сколь либо утешительное объяснение. Всё тут было как то не так, не по людски. Уехала и всё. А куда и зачем? То же мне секретный агент, Джеймс Бонд в юбке. Ну сказала бы просто, открыто и прямо, что нашла другого, получше, или что это было просто ошибкой, её очередным детским капризом и что ничего серьёзного у них не было и быть не может. Ну в конце-то концов, хоть что-то можно было сказать, а то гадай тут за неё, в глазах одно, а на деле другое. Вот и пойми их потом, этих женщин. При этих словах, в памяти всплыло полупьяное лицо дворника Кузмича, с его излюбленной фразой: «А что с них взять? Бабы, они и есть бабы». Хотя наш Сергей вовсе и не Кузмич и столь богатого жизненного опыта у него ещё не было, да и брать от неё он ничего не собирался, скорее всего наоборот, был готов в любую минуту отдать ей всё. Но она исчезла, не сказав ни слова, да и письмо, присланное в бадерольке, ещё больше сбило с толку. Что теперь делать и как ему с этим дальше жить, он так и не решил.

****

Он стоял в маленькой кухонке и ждал ответной реакции на его предложение сходить на речку, вернее не ждал, а был твёрдо уверен, и даже мог себе заранее представить последующие действия Симы. Она вначале смущённо положит книгу на стол, обнаружив эту маленькую оплошность, а потом резко вскинет глаза, улыбнётся ему той лучезарной, полной любви и нежности улыбкой и опять уткнувшись взглядом в пол, робко промолвит: «Ой, и правда? Сергей Васильевич, я сейчас, я мигом. Я только купальник надену и мы можем идти».

Время, словно замороженное, на какой-то миг остановилось.

А он всё стоял и ждал ответа, и думал о ней, о Лике. Вот если бы она осталась с ним и никуда не уезжала? Как бы это было здорово. Эх Лика, Лика. Что же она натворила?

Отдавать коробочку, которую просила передать Лика, в присутствии Галины Николаевны, он не решился. Это можно будет сделать и потом, там на берегу речки, без лишних глаз. Если честно, он слегка побаивался проницательного взгляда Симиной матери, в котором видел если не упрёк, то по крайней мере недоверие к нему, как к мужчине, да и вообще к его появлению в этом доме. Сам по себе тот факт, что в этом доме живут только женщины, уже настораживал. Ну ладно там баба Сима. Годы были послевоенные, с мужиками была напряжёнка, и найти после гибели мужа другого, было тяжело. Младшая Сима тоже пока не в счёт, рано ей ещё об этом думать. Но Галина Николаевна, могла бы уж расстараться. Дочка то у неё, не от сырости появилась. Значит был же кто-то, но кто? И где он теперь? Ну пусть с одним не получилось, но теперь же не 45 год, да и при её внешних данных, стоило только пальчиком пошевелить, мигом толпа женихов сбежалась. Ан нет, не любят они нашего брата. Вот и смотрит уж больно колюче.

****

Галина Николаевна внимательно приглядывалась к нежданному гостю. Да, это был уже не тот маленький мальчик. Робкий такой, стеснительный. А вырос то как, возмужал. Весь в деда пошёл. Его осанка, манера двигаться и говорить, ну вылитый дед. Но глаза, глаза не дедовские, да и взгяд уж больно какой-то другой, отчуждённый и настороженный.

«И чего это его к нам занесло? Считай уж скоро третий год будет, как сюда приехал, а заглянуть надумал только сейчас. Хотя вообще-то заглядывал и раньше, но это так сказать по старой дружбе, всё больше по хозяйским делам, из уважения к памяти деду. А вот так, просто ради Симы, это что-то новое. В честь чего это? Бедная девочка совсем извелась. Влюбилась в него до безумия, а он как слепой или совершенно бездушный, даже не хочет этого замечать.

Ну что-ж, Сергей парень не плохой и в такого не грех и влюбиться, но вот что у него на душе и что его привело столь неожиданно к нам? Не мог же он прийти сюда просто так, но и ради Симы тоже не похоже. А это уже плохо, очень плохо. И если Сима действительно в него влюблена, то даже совсем скверно. Бедненькая девочка, на что она себя обрекает. Как же теперь быть им с этим Сергеем?»

Вспомнив, как Сима всегда менялась в лице, стоило лишь заговорить с ней о нём, и с каким трепетным волнением она произносила его имя, она начинала улыбаться, невольно радуясь в душе этому большому и светлому чувству. Но в тоже время, видя, как она при этом страдает, в ней тут же вскипала злоба на него, за его равнодушие к ней, за то, что он такой грубый и бессердечный, не видит и не ценит столь искренних и нежных чувств её дочери.

«Было бы не плохо тут что-нибудь придумать, чтобы хоть как-то помочь ей справиться со всем этим, но вот что? Отговаривать отказаться от него, было бесполезно».

Она прекрасно знала свою дочь и её упрямый характер. Хотя с каких это пор в ней появилось это упрямство? Упрямство или целеустремлённость? Упрямство это когда просто так, без разбору. А тут есть цель и вот она, вернее он, сам явился к ним. Стоит вот напротив, вроде улыбается, а глаза..., чужие-пречужие, но как на деда похож, просто невероятно.

Глава 2
Загадай желание

Бывают же в жизни совпадения, о которых мы не всегда можем знать. Сергей в ожидании ответа от Симы, мельком взглянув на её мать тоже пытался определить о чём она думет. Мысли, словно кометы на тёмном звёздном небе, неожиданно появлялись и так же быстро исчезали в неизвестности, с одной лишь разницей, что если попытаться всё это представить наоборот, то всё звёздное небо покрылось миллионами чёрточек и линий, длинных и коротких, ярких и тусклых, ожидаемых и не предсказуемых...

«А Сима? Как она похожа на свою маму. Интересно, а какой она станет потом, лет эндак через десять, такой же как её мать или как бабушка? Хотя с бабушкой сравнивать было не совсем реально. Он ведь её почти не помнил. Нет, не то чтобы совсем, нет. Он просто не мог вспомнить, как выглядело её лицо и какие у неё были глаза, он ведь видел её всего несколько раз, да и то мельком. Но этот взгляд, эти глаза, пожалуй тут есть что-то от бабы Симы. И совершенно другое дело Галина Николаевна. Её глаза, этот её проницательный взгляд, без теплоты и какой-то колючий, и даже не учительский, а прямо ренген какой-то, ещё чуть чуть и всего насквозь просветит. Интересно, что она о нём думает? Гадай, не гадай, всё равно не угадаешь.»

От всех этих мыслей, и этого взгляда, ему становилось ещё больше не по себе. Так и хотелось крикнуть ей: «Ну почему вы на меня так смотрите? Неужели вы думаете, что я способен на что-то дурное в отношении Симы? Нет, я не такой. Ваша Сима меня совершенно не интересует. Мы просто друзья детства и всё на этом. И как друг, я желаю ей только счастья. Она этого заслужила. А кто собственно говоря не заслужил и не хочет быть счастливым? Я или к примеру Лика? Каждый из нас мечтает о своём счастье, и старается сделать всё, чтобы его получить. И если однажды, Сима встретит подходящего парня, то буду только рад за неё. Ну а то, что я сейчас здесь, так это просто чистая случайность. И об этом вы и сами скоро узнаете».

Но в жизни не бывает случайностей, всё идёт и развивается по своим законам, которые мы не всегда хотим принимать и признавать. И вот тут-то они и случаются. Эти самые случайности. Хотя в этот раз, похоже и этого не случится. Сима по прежнему сидела в оцепенённом состоянии, держа в руках книгу, перевёрнутую кверх ногами. «Странно, чего это с ней? Молчит как памятник. Он ей что, слишком сложную задачку задал, не может решить сколько будет один плюс один?»

Дальнейшее ожидание становилось всё более напряжённым. Но он терпеливо ждал, и дождался. Сима, положив осторожно книгу на стол, тихонько встала из-за стола, подошла к нему...

«Ну наконец-таки, свершилось!» со вздохом облегчения подумал он.

А она ещё раз робко взглянув в его глаза, и неожиданно пораснев до корней волос, тихо промолвила: «Я не могу» и пулей выскочила из кухни. Через несколько секунд, которые показались ему вечностью, раздался хлопок закрываемой двери. Всё ясно, убежала в хату.

- Извините, я кажется не вовремя, - тихо пробурчал Сергей и вышел из кухоньки, осторожно прикрыв за собою дверь. На улице, его опять встретил Буран. Радостно виляя хвостом, он уже не таясь, выпрашивал своё лакомство, а может и нет. Может просто пытался понять, что тут происходит и хоть как-то утешить всех. Смотри-те мол, я ведь тоже один, и ничего, живу и радуюсь жизни. Но Сергею в эту минуту было как то не до собачей радости. Скорее всего наоборот. В его душе всё сильнее и сильнее нарастала волна раздражения и обиды, и на его лице большими буквами можно было прочитать: «Я что сюда за кусочком хлеба пришёл? Она видите ли не может. Ишь ты принцесса какая. Она не может. Ну и ладно, не может, значит не может, не велика потеря».

В этот момент, Буран перестал вилять хвостом и как привороженный стал смотреть на дверь кухоньки, которая стала открываться и на пороге появилась Галина Николаевна.

«Серёжа! Вы уж пожалуйста не обижайтесь на Симу. Она действительно не может. Ну как бы это вам объяснить? Она ведь уже не ребёнок».

- Да это я и сам вижу, что не ребёнок. А при чём здесь это? - недоумённо переспросил он.

- Ну как!? Вам что, разве в школе не рассказывали про это?

- Про что, про это...- И тут до него наконец дошло. Настал его черёд краснеть.

- Извините, я как-то об этом и не подумал. Вот идиот. Вы уж извините меня ещё раз, просто мне надо было ей кое что передать. Вы уж пожалуйста успокойте Симу и скажите ей, что всё в порядке. Досвидание.

Ну вот тебе и неожиданность, вернее ещё одно подтверждение того, что в жизни случайностей не бывает, а есть только неожиданности. Захочешь забыть закон природы, а он тебе тут же бац и намажет на хлеб, кушайте на здоровье. Ну спасибо, впредь надо быть умнее. Да!? Но как же действительно с этим быть. Не спрашивать же их каждый раз: «У тебя как с этим? Всё в порядке? М-да. В этом отношении мужикам легче и проще. Хорошо, что он мужиком родился. Но как мало мы знаем о наших женщинах, а иногда и вообще не желаем знать, только о своей шкуре и печёмся».

Погрузившись в подобные размышления, Сергей не заметил, как очутился на макушке горы. Ноги как то сами, автоматически принесли его на это место. Он подошёл к берёзе, погладил её по стволу, а потом присел на скамейку. Идти на речку расхотелось, да и какое тут может быть купание. Жизнь зашла в тупик. Интересно, может отсюда, с вершины этой горы, он сможет увидеть свой дальнейший путь. Хотя навряд-ли, и сколько тут ни вглядывайся в эту бесконечную даль горизонта, ничего путёвого не увидишь. Но зато легко можно попасть под власть воспоминаний. Воспоминаний о том, как здесь когда-то, и ведь совершенно недавно, была Лика. Как она ловко управляла, вернее размахивала этими палочками, которые со свистом появлялись то над головой, то по бокам, а то и вообще исчезали неизвестно где и тут же возникали снова с совершенно неожиданной стороны. М-да. Как там говорят, против лома нет приёма, если нет другого лома. И этими вот палочками, она собирается себя защитить? Всё это конечно выглядит красиво и экстравагантно, но... Это всё хорошо скорее всего для кино. А в жизни мы имеем совершенно другое кино.

По прерывистому дыханию, которое послышалось за его спиной он понял, Буран на подходе. А это значит..., а это значит, сейчас появится Сима. Обернувшись назад, в сторону деревни, он увидел Симу, медленно поднимающуюся в гору. А спустя ещё несколько минут, она уже сидела на лавочке и смущённо смотрела в землю.

- Сергей Васильевич, вы это, вы уж извините меня, я вам наверное всё испортила. Но если вы хотите, то я пойду с вами. Только пожалуйста, не обижайтесь на меня. Мне так неловко перед вами. Понимаете...

- Стоп. Хватит. Дальше не надо.

Во-первых, ты ни в чём не виновата, это я осёл, мог бы и сам догадаться.

Во-вторых, какой я тебе Сергей Васильевич? Неужели я такой старый, и меня надо обязательно называть по имени и отчеству? Это мне ещё заслужить надо. А чем скажите на милость, я заслужил этой чести. Мы что на работе, и я твой начальник? Или я действительно такой старый, что дальше некуда. Так что Сима, Симочка миленькая моя, ну я прошу, нет я просто умоляю вас, не называйте вы меня больше так. А то мне всегда начинает казаться, что я тут не один, и что рядом есть ещё кто-то, постарше. Надеюсь что с этим мы покончили раз и навсегда. Ну как вы согласны?

В своей пламенной речи Сергей не успел заметить, как сам перешёл с ней на Вы. Вот это да! Вот это парадокс. Как будто на его пути поставили шлагбаум и двигаться дальше со словом «ТЫ» стало просто не возможным.

- Тут вам просили передать - удивляясь всё больше и больше самому себе, пробормотал он и достал маленькую коробочку.

- Вот, возьмите.

- Что это? - тут же спросила Сима, с опаской глядя на маленькую коробочку.

- Да вы не беспокойтесь, это вам от одной моей хорошей знакомой. Кстати это пришло в той самой бандерольке, за которой мы с вами ездили.

- Какой знакомой? Я ничего у неё не просила и от чужих людей ничего не возьму - категорическим тоном ответила Сима.

- Вот тебе раз! - с удивлением воскликнул он - да вы ещё и не посмотрели, что там такое, а уже отказываетесь. Да не бойтесь и возмите же в конце-то концов. Да и не такой она уж и незнакомый человек. Вы её видели, вот тут, на этом самом месте.

- Тем более, от неё вообще ничего не возьму. Нечего мне с ней делить.

- Ну хорошо, не хотите как хотите. Но письмо может всё-таки прочтёте.

- Какое письмо?

- Как какое, обыкновенное. Но оно скорее всего спрятано в этой коробочке. Так что, если не хотите. То я заберу это себе и сам прочитаю это письмо. Может что и для меня интересненькое там написано.

- Вы этого не сделаете!

- Ну во первых не Вы, а ты. А во вторых ты же сама отказываешься от него. А это значит, что тебе всё равно, что там написано.

В этот момент он почувствовал, что шлагбаум снова открыт и он может двигаться дальше со словом «ты». Бывает же такое.

- Ладно, давай твою коробочку. Но чур не подглядывать.

- Да уж больно мне надо, - ответил с напущенным равнодушием Сергей, и уже в третий раз протянул ей эту маленькую коробочку.

Взяв её в руки, она вопросительно посмотрела на Сергея.

- Понял, пойду погуляю. Буран, где-ты? Буранчик за мной.

А Буран, вовсе и не думал двигаться, он спокойно лежал у ног своей хозяйки. Подняв голову, вопросительно посмотрел на Сергея, потом на хозяйку и положил её обратно на свои мохнатые лапы.

- У лодырь. Ну ладно, тогда я пошёл один.

Отойдя метров на десять, Сергей присел, а потом и вовсе лёг на душистую траву. Закинув руки за спину и жуя небольшую травинку, лёжа на спине он стал созерцать это бездонное голубое преголубое небо. Эту особенно яркую голубизну ему придавали эти белоснежные, со слегка тёмно-серыми оттенками облака. Лениво проплывая из одного конца неба в другой, они как живые, то начинали расти, при этом едва заметно меняя свои очертания и оттенки, а то и совсем растворялись в этой небесной голубизне. В такие минуты кажется, что время застыло вокруг тебя, мир прекрасен и полон очарования и ты один в этом огромном-преогромном мире. Но это одиночество длится не долго, какие-то доли секунды, ибо тут же за безмолвным движеньем облаков в наши уши начинает врываться этот шумный и говороливый мир природы, ещё раз напоминая о том, что ты не один и этот мир принадлежит не только тебе. Увидеть это и по достоинству оценить, нам очень часто не позволяет либо наше самовлюблённое «Эго», которое всегда готово любоваться только собой, либо наоборот, оно настолько погрязло в ненависти к самому себе, что никак не хочет замечать этот окружающий её мир. А ведь стоит хоть только на минутку расслабиться и впустить в себя этот замечательный и прекрасный мир, как мы тут же начинаем замечать удивительные вещи, которые происходят вокруг нас. Как незаметно и тихо, вслед за образом бесшумных облаков в наше сознание врывается этот говорливый мир природы. Где-то там, высоко в небе, заливается жаворонок, а ему в ответ совсем рядом, где-то в траве наигрывают свои нехитрые мотивы сверчки. «Трык, трык...» А чуть подальше, но тоже почти рядом, в кроне берёзы вдруг оживает ветер. Ветер-ветерок, вечный странник, спешащий везде и всюду успеть и побывать, всё потрогать и приласкать. Вот и теперь он примчался к берёзке и спешит поскорее приласкать каждый её листочек, отчего они дружно затрепетали, нашёптывая ему все свои сокровенные тайны и мечты. «Шшшшшш...» И он неугомонный, то-ли убаюканный их нежным шелестом засыпал и утихал на какой-то миг, то-ли найдя себе другое занятие, срывался куда-то вдаль и они затихали на некоторое время, в ожидании, что он вернётся и они опять смогут продолжить эту интересную игру, игру под названием жизнь. Жизнь, которая у каждого своя. У одних она заключается в этом вечном трепетном ожидании встречи с ветром, солнцем и дождём. Встречи, которые будут продолжаться изо дня в день и так до самого того дня, когда природа потребует своё. И заберёт то, что когда-то сама столь щедро дарила им. Она заберёт тепло своей души, без которого им станет тяжко и невыносимо жить дальше и они начнут менять свою окраску, в надежде хоть этим ещё раз привлечь его внимание к себе. И он вернётся, но теперь уже холодный и равнодушный, срывая их и разбрасывая по всей земле...

- Серёжа! Серёёёёжа! Вы где?

Он медленно поднял голову из травы, за зелёной стеной которого, был почти не видим для глаз Симы.

- Ой, а что это с вами? Вам плохо?

- Да. Вот мы лежим тут одни и умираем от тоски, а вы.... Что с тобой?

Сергей увидел заплаканные глаза Симы. Хоть к подобному проявлению чувств ему и не привыкать, но всё-таки, каждый раз это пугало его. Ну разве можно так на всё реагировать? Ох уж эти женщины, слезоточивый народ. Могут слезой так подточить мужика, что он и оглянуться не успеет, как рухнет к её ногам.

- Сима?! Ты что, плакала? И всё из-за этого письма?

- Да нет, что вы... Что ты Серёженька. Это я так, от радости.

- Вот те раз. И чему мы тут так бурно радуемся? Если не секрет конечно.

- Да нет, не секрет. Мне конечно жаль эту, твою Анжелику, но всё равно она молодец, раз так решила. Ну и правильно, и я думаю, что так даже будет лучше, для нас обоих. Теперь ты мой. И я тебя никому не отдам.

- Стой. Ты это о чём? - Удивлённо переспросил Сергей.

- Но ведь теперь ты её больше не любишь и она тебя тоже? Иначе бы не уехала к другому...

- К какому другому? Ты можешь поточней выражаться.

Эта последняя фраза неприятно кольнула в сердце. «Ему она пишет одно, а ей совершенно другое. Что это, женская хитрость или коварство? Нет, тут что-то не так. У них секретов вроде не было. Хотя кто её знает, что могло ещё произойти за это время. Может что и изменилось и он для неё так, мимолётное увлечение. Но всё равно судить её лишь только из-за этой фразы, он не имеет права. Он ведь почти ничего не знает и время покажет, кто есть кто. Только этого времени к сожалению ни отнять ни прибавить. А сидеть и ждать, чья правда выйдет, тоже не дело.

- Сима. Ты можешь мне хотя бы в общих чертах рассказать о том, что было в этом письме.

- А чего рассказывать. Вот оно возми и сам почитай его. А это - и тут она протянула коробочку с украшением, - это можешь оставить себе. Ты это ей покупал, вот она пусть это и носит. А мне чужого не надо.

- Ишь какие мы гордые. Ну да ладно. Как быть с этим, не я решил. Но если ты от них откажевшься, тогда придётся мне самому это ей вернуть.

При этих словах, Сима резко отдёрнула руку с коробочкой назад.

- Ну нетушки. Уж лучше я сделаю это сама. Ты уже подарил один раз, и этого предостаточно.

- Ну вот, пойми вас. То ей не надо и забери обратно, а то не отдам. Ну да ладно. А письмо это я тоже читать не буду. Раз оно для тебя, значит ты его и храни или порви. И всё-таки ответь мне только на один вопрос. Про какого там другого ты говорила?

- Ишь как заволновался, запереживал. Значит ты её всё ещё любишь?

Да ты не переживай, этот другой, её отец, если это действительно так, как она пишет. Но ведь может и не отец быть, а действительно кто-то другой, и что ты тогда будешь делать?

- Да нет же, другого быть не может. Не такая она, что бы другого заводить. Я бы об этом узнал самый первый.

- Ну да?! Так бы она тебе и сказала, скорее всего, ты бы стал самым последним. Так что подумай хорошенько. А меня значит ты ... - но так и не договорив до конца, Сима молча повернулась и понурив голову медленно пошла в сторону деревни.

А Сергей так и продолжал сидеть на траве, пытаясь хоть что-то для себя решить окончательно, но увидев медленно удаляющуюся от него Симу, пробормотал себе под нос: «Чего это с ней? Опять что-то не так сказал. Небось придёт домой, уткнётся в подушку и будет поливать её горючими слезами. Ох уж эти женщины». Вспомнив проницательный взгляд Галины Николаевны, и эти глаза, в которых уже наверняка было больше упрёка, он задумался ещё больше. Но чем дольше он пытался разобраться со всем этим, тем всё печальнее становилось на его душе. Ему было жаль эту девушку, хотя как девушку, как женщину, он всерьёз её не воспринимал. Для него она была всё ещё той маленькой девочкой. В роли своей младшей сестрёнки, он ещё мог её представить. Но увидеть и поверить в то, что у неё уже совершенно другой, не детский интерес к нему, он никак не мог. Для неё он был по прежнему «Шелгеем». Да и потом, у него есть Лика... Вернее была. И как после всего этого, ему быть. Прийти вот так, как ни в чём не бывало и сказать: «Здрасте, я ваша тётя Мотя. Вам письмо... Письмо? Ах какая радость! Развернула, там... А что же действительно там было? - подумал озабоченно Сергей и тут же почувствовал, как где-то, в глубине души заворочалась жалость. Вначале такая маленькая и безропотная, она росла и росла и становилась всё больше и больше, превращаясь уже в могучего монстра, удержать которого становилось всё труднее и труднее.

- Сима! Постой. Ну куда же ты? Так нельзя.

Но она, как будто ничего не слыхала и только всё так же медленно шла, всё дальше и дальше, а он сидел и думал, находясь в этом тупом оцепенении. Думал о том, что же ему теперь делать. Побежать, догнать, остановить? Но что он ей тогда скажет? Сказать то можно всё, но как быть с сердцем? Ему то не прикажешь. Обмануть и её и себя, чтобы потом ещё больше мучиться и страдать им обоим? И что скажет на это Галина Николаевна. Да что там Галина Николаевна, дед бы этого ему в жизни не простил. Но и оставлять её в таком состоянии тоже не хорошо. А собственно говоря, что тут особенного произошло? А может он просто накручивает себя почём зря? И всё таки с этим надо разобраться до конца. А чтобы разобраться, надо поговорить. А чтобы поговорить, надо... Тогда чего сидим, вперёд, бегом, шагом марш.

Ещё в институте, да и потом во время службы в Армии, бег для Сергея, был не самым любимым видом спорта, а тут пришлось. Давненько он уже так не бегал, вернее с такой скоростью он вообще ещё не бегал. Он даже и не подозревал, что это может быть так опасно, бег с горы. Он разогнался так, что остановится мог только протаранив землю. Но падать в подобной ситуации, как то не очень хотелось. И он бежал и бежал и всё таки добежал, не упал, не споткнулся, выдержал. Это было его настоящей победой и главный приз ждал впереди. В последнюю секунду он всё таки успел догнать и схватить Симу за руку. Сердце строчило как из пулемёта, готовое вот-вот выпрыгнуть из грудной клетки, но пометавшись в своей, ставшей вдруг тесной каморке, стало успокаиваться. А он всё стоял и держал её за руку и глядя ей прямо в глаза, пытался что-либо произнести. Пытался и не мог, а как рыба в аквариуме широко раскрывал рот, стараясь как можно скорее наладить своё дыхание. Невольно вспомнилась картина из детства, когда он, вот так же пытался бежать в гору, и чем всё это кончилось. Хорошо всётаки, что его тогда оставили здесь. А то может быть ничего этого и не было. И жил бы он теперь в своём городе, вместе с родителями. Вспомнилось лицо деда, заботливо ухаживающего за ним. Всё это пронеслось в голове, как вспышка молнии, после которой вначале кругом становиться ещё темнее, а потом всё отчётливее и яснее начинаешь различать предметы находящиеся вблизи тебя. А в близи была она, Сима, которая, испугавшись вначале, пыталась вырвать свою руку, а потом испугавшись теперь за Сергея, заботливо смотрела ему в глаза и ждала, ждала того момента, когда он сможет отдышаться и сказать ей нечто важное. Она ведь пока шла к дому, загадала себе желание, если догонит, значит любит и они будут вместе, а если нет? Значит не судьба. Но об этом она старалась не думать, потому что была уверена, она чувствовала это, побежит, догонит.

И вот он здесь, стоит перед ней с широко раскрытыми глазами. Бедненький. Ишь как запыхался, за своей Анжелкой так бы не побежал? Но в ту же минуту, она испугалась и прикусила губу. А вдруг? Нет. Этого она не допустит. И она сделает всё возможное и не возможное, чтобы он как можно скорее забыл и её и это имя. И то, что он стоит здесь сейчас, рядом с ней, это только начало. Начало их большой и взаимной любви. Хотя её любовь к нему началась гораздо раньше, ещё тогда, в детстве, когда она впервые увидела этого мальчика. Но можно ли было это чувство, тогда назвать любовью? Или это всё случилось благодаря его деду. Уж его она точно любила. А он, этот противный мальчишка, всё мешал ей, и не подпускал к деду. И она всё никак не могла понять, зачем он это делает? Ведь на всего деда она не претендовала и ей достаточно было только его руки. Одной руки. А он всё не пускал и не пускал её. Как она злилась на него и тут же записала в свои самые заклятые враги, но когда он пришёл к ним и пригласил её пойти с ними на речку, она ему всё простила и сделала его самым лучшим другом. Дети, они ведь не могут держать долго в своей душе зло, зато добро запоминают на всю жизнь. Вот так и в душе маленькой Симы на всю жизнь остался в памяти дед Егор. Он хоть и был не родным, но всегда таким добрым и заботливым дедушкой. Рядом с ним, она всегда чувствовала себя в безопастности. Нечто подобное она ощутила и намного позже, встретив через несколько лет его внука, Сергея. Первое что она в нём увидела, это его деда. Его походку, манеру разговаривать, и её сразу же потянуло к нему. Она почувствовала, что лучшего друга ей не найти и только с ним она сможет расчитывать на счастливую и спокойную жизнь. Но это всё, было пока что только в её грёзах и мечтах. В жизни же всё выходило совсем иначе. Но всё равно, она знала, она была твёрдо уверена, что рано или поздно, но они будут вместе. Осталось ещё только чуть-чуть, чтобы и он увидил и понял, как она его любит. А он увидит, он непременно это увидит, ведь отныне он её и принадлежит только ей. Теперь она не станет претендовать только на его руку, она заберёт его всего, вместе с его душой и сердцем.

Ах девочка, девочка! Как иногда в жизни бывает всё наоборот. Там где нам кажется, что всё очень просто, на самом деле становится очень сложным и трудным, и там где очень трудно и казалось бы не выполнимо, вдруг в один момент решается всё очень легко и просто. Но не будем тебе портить радости первой победы. Пусть маленькой, но всё же победы. И вот он стоит рядом с тобой и смотрит в твои глаза.

А наш Сергей, отдышавшись, приветливо улыбнулся Симе и ... ну чего ты медлишь, вот он перед тобой такой короткий путь к счастью. Только два слова, только не молчи. Посмотри внимательно ей в глаза. Неужели ты совсем ослеп и не видишь как она тебя любит? Да, да, она тебя любит, как никто другой и будет любить тебя до конца своих дней, как никто другой. Как же это всё просто, сделать шаг навстречу своей любви. Как просто...

Сергей отпустил руку Симы и сделал шаг назад.

- Сима, ты это... не обижайся пожалуйста на меня. Да и потом, я что-то не совсем понимаю, но я всегда думал, что мы просто друзья. Понимаешь просто друзья. И ты уже совсем взрослая девочка и должна понять меня. Ну и потом, я надеюсь, что это всё скоро пройдёт и ты встретишь парня, который тебя действительно полюбит и сможет сделать тебя счастливой. Не то что я. Да и вообще, ну что ты во мне ты нашла хорошего? Другое дело вот ты. Такая обворожительная, симпатичная, стройная, жизнерадостная девушка, которая может так мило улыбаться... Сим, ты чего это? Ну вот, только начал тебя хвалить, а ты вдруг перестала улыбаться. Да ты не переживай, у тебя будет всё хорошо, и мы ещё погуляем на твоей свадьбе. Это я тебе гарантирую. А может кто тебя обидел? Ты только скажи. Я ему мигом бока натру.

- Себе натри - неожиданно резко ответила Сима, и быстро повернувшись открыла калитку и зашла во двор.

- А мне то за что? - недоумённо пробормотал Сергей, и медленно повернувшись побрёл к своему дому.

Погода к этому времени потихоньку стала портиться и уже вместо безобидных белоснежных барашков, по небу поползли, словно волки вдогонку за овцами, серые тучи. Надвигалась гроза.

«Ну вот и хорошо - подумал Сергей, - уже давно пора, а то мои розочки скоро совсем высохнут.

Тут он вспомнил о своей обстриженной оранжерее и его лицо стало ещё темнее, чем эти грозовые тучи.

«Ох Лика, Лика. Везде вижу тебя. Вернее следы твоих проделок - и ещё раз тяжело вздохнув, Сергей уже намного быстрее зашагал домой.

Придя домой, он первым делом направился в свой розарий. Название то какое интересное, розарий. Обыкновенная теплица, вернее маленький домик, в котором живут розы. Розы, которые встретили его своим печальным видом. Как солдаты, они стояли все обстриженные, как бы стыдясь своего столь неприглядного вида.

Глава 3
По имени и отчеству

«Да вы не беспокойтесь, я вас всё равно в обиду не дам. Вы мне и в таком виде нравитесь» - вот так, говоря сам с собою, он стал обхаживать каждый кустик, по ходу что-то подправляя и подрезая. Это занятие немного отвлекло и успокоило его. Интересно, а что бы сказал дед, увидев всё это. Дед.

А почему дед, а не отец. И он тут же поймал себя на мысли, что мнение отца ему было совершенно безразлично. Да и какой он ему отец. Отчим это да. Но он настолько привык называть его своим отцом, что по другому просто не мог. Что тут ни говори, но обижаться на него, он не имел никакого морального права. Ведь тот делал для него всё: покупал дорогие игрушки, ходил с ним несколько раз в цирк и в зоопарк, вернее ходили они втроём, и он всегда был рядом с мамой. А один раз даже взяли с собой в театр. Хотя случалось и такое, где они были вдвоём. Но это было уже намного позже, когда он стал постарше и учился в 9 и 10 классах. Пару раз тот брал его с собой на стройку, пытаясь привить ему любовь к своей профессии, показывая грандиозность и величие его проектов. В классе ему тогда все завидовали, хотя сам он, если честно, не был в особом восторге от этих шумных и грязных строек. И только ради матери он старался сделать всё, что предлагал ему его отчим, лишь бы лишний раз не огорчить и не расстроить её. Но всё равно, как он ни старался пробудить в себе интерес к его профессии, ничего не получалось, потому что это было не его, это было какое-то чужое. Вначале он этого даже и не замечал, потому что думал так надо, потому что этого хотят родители. Но чем становился взрослее, тем всё чаще приходил к этой печальной мысли, что это всё не то, не его. Долгое время он всё пытался понять, почему это так и найти хоть какое-то подходящее объяснение. С одной стороны, всё это было так здорово и грандиозно и легко доступно для него, а с другой стороны, всё это было безжизненным, мёртвым и холодным. И он не мог даже понять некоторых своих одноклассников, которые завидовали ему, завидовали его однозначно определённому будущему. Кто-то даже попытался дать ему кличку «Архитектор». Разве это плохо иметь такого отца, которого знал весь город, у которого были многочисленные связи и за его спиной, можно жить как за каменной стеной, ни о чём не беспокоясь. Но он мечтал не о лаврах великого архитектора, он мечтал о другом. Он мечтал о зелёных парках и садах в этих пыльных каменных городах. Мечтал и всё никак не мог понять, почему его отец, умеющий создавать столь прекрасные формы из стекла и бетона, был совершенно равнодушен к растительному миру. Ведь хоть что-то должно было передаться ему от его отца. От какого отца?

Ответ пришёл как гром среди ясного неба. Сергею исполнилось 16 лет. Настал этот важный момент в жизни, который наполняет нас ощущением гордости и собственного достоинства взрослого человека. Ведь отныне он уже не просто Серёжа или Сергей, а Сергей...

Вот с этого всё и началось. Он не стал в этот день Сергеем Юрьевичем, как готовился к этому долгое время, он стал Васильевичем. Эту тайну, которую мать хранила в себе все эти долгие годы, всё-ж пришлось раскрыть, и всё стало на свои места. Вернее ещё больше запуталось. На смену одним вопросам пришли другие, ещё более сложные. И один из них, как ему быть теперь с отчимом и где его законный отец? Ну с отчимом ещё можно хоть как-то разобраться, а вот с отцом. Что с ним, где он, почему он их бросил?

Мать видя, что дальнейшее молчание уже потеряло всякий смысл, рассказала ему всё, что знала об его отце. Кое что добавил и его отчим.

Всё оказалось просто. Нет, он их не бросил и её он очень любил. Просто время было такое, комсомольское. Они двое, Василий и Юра, были хорошими друзьями и всюду старались быть вместе и познакомились с его будущей матерью тоже вместе, на городской комсомольской конференции. От школы необходимо было выбрать пятерых делегатов, и Юрия отличника в учёбе и к тому же ещё и сына уважаемого всеми в городе архитектора, внесли в списки в числе первых. На что он конечно ответил самоотводом и попросил вместо себя внести в список делегатов его друга Василия. По крайней мере от того хоть толк будет. После долгих дебатов, внесли обоих. Вот так они и попали на эту конференцию. Вернее в список кандидатов, но и Василий не очень то горел желанием попасть туда и не строил планы как бы поскорее сбежать и сбежал бы, если бы не одно маленькое «но». Прочитав повестку дня, решил всё-таки остаться. Уж очень заинтересовал его один вопрос: «Поднятие целины».

Это было его, это было родное. Тут он как говорят завёлся с пол оборота, в полную противоположность своему другу, который отнёсся к этому весьма скептически. И если бы не девушка, сидящая за их спиной, они бы так и провели всё собрание в жарких дебатах на эту тему. Правда совсем жаркими их назвать было нельзя, но их шёпот иногда становился настолько отчётливо громким, что она не выдержала и весьма вежливым тоном попросила их тотчас-же угомониться и не мешать людям слушать оратора, а то растрещались как сороки на дереве. Эта последняя фраза сразу же остудила их пыл и задела их мужское самолюбие. И с этого момента всё их внимание перешло на эту вертихвостку, как они тут же, по обоюдному согласию попытались её окрестить. В перерыве, они решили окончательно разобраться с этой девушкой и хоть как то спасти свою честь. Но вместо этого вышло то же самое, каждый по очереди пытался теперь уже ей доказать свою правоту и уже не шёпотом. Сдавать позиции никто не хотел, и каждый считал, что прав только он. Ясное дело, что перерыва оказалось не достаточно и дисскусия была продолжена после конференции. Вот так и завязалась между ними большая дружба, которая незаметно переросла в большую любовь. Они оба влюбились в неё и оба боялись признаться ей в этом. Целина сделала за них выбор. Первой уехала туда Антонина. Окончив музыкальное училище, она решила, что её место всётаки там. Ведь и там нужны были люди, способные дать народу не только хлеб, но и культуру. Вслед за ней, бросив учёбу в институте и даже не закончив третий курс уехал туда и Василий. Более практичный Юрий решил довести учёбу до конца. Это и определило их дальнейшую судьбу. Василий с Антониной поженились. Потом они стали ждать ребёнка. Беременность проходила очень тяжело, сказывалось скудное и однообразное питание, и дальнейшее её пребывание там, ставило под угрозу, не только здоровье будущей матери, но и само появление на свет будущего потомства. И тогда Василий, как будущий отец, принял решение, отправить её домой к родителям. Там будет ей и питание получше и уход. А вот как только родит, то сразу же вернётся. Расставания было не лёгким, и предчувствия Антонины не подвели её. Встретиться им больше так и не пришлось. Василий погиб. Вернее его убили. Кто то ночью, взломав дверь у амбара, решил утащить пару мешков семенного зерна, и он совершенно случайно оказавшись там, увидел это и решил помешать. Вот и помешал. Его нашли утром у амбара с пробитой головой, уже мёртвым. Вот вам и случайность. Ну окажись он на этом месте чуть раньше или позже, или хотя бы сделал вид, что не заметил, и всё было бы по другому. Ан нет. Всё случилось именно так как и случилось, иначе это был бы не он. Человек с большой буквы, который всегда был готов пойти на риск, ради любви, ради своих высоких идеалов о чести и справедливости.

Узнав о его гибели, Антонина, ещё толком не оправившись от родов, с маленьким ребёнком на руках, тут же отправилась на похороны мужа. Но как она ни торопилась, как ни старалась успеть, приехать вовремя ей так и не удалось. Дождливая осень, как бы вместе с ней оплакивая потерю близкого ей человека, явно перестаралась. Дороги развезло на столько, что ни пройти ни проехать по ним было практически невозможно. Она опоздала ровно на сутки. Взглянуть ещё раз на своего мужа ей так и не удалось, и единственное что тогда осталось на память о нём, так это горстка земли с его могилки и сын. Их сын. Она не осталась там жить. Нет. Наоборот, она настолько возненавидела этот край, забравший у неё любимого и дорого человека, что решила тут же как можно скорее уехать из этих мест, пока не случилась ещё какая-нибудь беда. Став матерью, она стала совершенно по другому смотреть на жизнь. От её романтических настроений не осталось и следа. Выросшая в большом городе, где всегда всё было рядом, и больница и врачи, она вдруг с ужасом осознала, на сколько не просто и даже опасно жить в этих краях. Одни дороги чего стоили. Но как ни странно, обратный путь они проделали без особых осложнений и тревог. Даже погода, как бы извиняясь за своё чрезмерное усердие, пошла им на встречу. Всю дорогу их провожало безоблачное небо и яркое солнце дарило им последнее тепло уходящего лета. Но всего этого Антонина уже не замечала, она спешила уехать отсюда, и как можно скорее забыть этот край. На похороны мужа она приехала не одна, а в сопровождении Анатолия, который всю дорогу опекал и поддерживал её. Он тоже очень сильно переживал гибель друга, и старался сделать всё возможное, чтобы хоть как-то облегчить горе Антонины. Они хоть и были с Сергеем соперниками, но такого исхода он не то что желать, но и представить себе не мог. Все свои чувства к Антонине он запрятал в своей душе, прекрасно понимая, что это было бы просто подло с его стороны, воспользоваться сложившимся положением. Но как друг, он остался с ней рядом, что бы в любой момент выполнить любое её желание. А год спустя, не выдержал и сделал ей предложение, согласившись перенять на себя и заботу о её сыне. Ждать дальше, пока Сергей подрастёт, было не целесообразным и она согласилась, решив, что так даже будет лучше. Она надеялась, что Анатолий не только поможет ей в воспитании сына, но и сумеет привить ему свои качества, свою любовь к архитектуре и исскуству. Ну а возня с землёй, со всякими там зерновыми, всё это должно навсегда исчезнуть из круга интересов в их семье. Слишком дорогой ценой она заплатила за эту земельную романтику и любой разговор на эту тему вызывал у неё только неприятные воспоминания.

Вот так и появился у Серёжи, а если быть поточнее у Сергея Васильевича другой папа, по имени Анатолий. Он был хороший и добрый и весь такой правильный, ну прямо железобетонно правильный, надёжный в общем. Хотя зачем вы так, Сергей Васильевич? К чему эта ирония теперь? Он ведь действительно хороший человек и очень много сделал для тебя, но самое главное, он как и ты очень любил твою мать. Жаль только своих детей завести им так и не довелось. Ты был первый и последний, и теперь можно сказать единственный. И это всё, что готов сказать о своём отчиме? Неужели ты думаешь, что это так просто растить и заботиться, а потом терпеть выходки такого эгоиста как ты? А ведь могло быть и по другому. Ты вот на Симу посмотри, она ведь так и прожила без отца все эти годы, и что по твоему, это более лучший вариант продолжения семейной жизни?

Сергей нервно передёрнул плечами.

«Бррр! Кажется у меня начинает крыша ехать, уже начинаю сам с собою разговаривать. Сима, Сима. А что Сима?»

****

Сима забежала в избу. Посреди комнаты стояла мать и вопросительно взглянула на дочь. Та, протянув руки, кинулась ей на шею.

- Мама! Мамочка! За что мне всё это? Он не любит меня.

- Не любит, так полюбит. Просто не пришло ещё это время. Любовь она как цветок, которому тоже нужно время, и за которым уход нужен и терпение.

- Ну сколько мне ещё надо терпеть. Я больше так не могу, я не выдержу. Он меня не любит и постоянно думает об этой своей Анжелке. Что-б ей не ладно было.

- Ты, что доченька? Зачем так говоришь? Нельзя так, грех это. Грех это другому беды желать, тогда может случится и тебе счастья не будет. Ещё никто на чужой беде своего счастья не построил. Так что не надо так ни думать, ни говорить.

- Но я не хочу всю жизнь, как ты, одна в девках просидеть.

- А кто тебе сказал, что я одна, у меня есть ты. Живём же ведь, не в голоде и не в холоде. Вон и крыша над головою есть. И на том слава богу.

- Мама, с каких это пор ты про бога говорить стала. Ты ведь у нас всегда атеисткой была, и в бога не верила.

- А вот за то что не верила, за то и наказал.

- Так что-же он такой злой твой бог. Только и делает, что наказывает.

- Не наказывает, а даёт испытания. Выдержишь, получишь своё счастье.

А нет, так и будешь всю жизнь как перекати-поле по жизни мотаться.

Глава 4
Бумеранг

Эх любовь, любовь! - то ли с грустью, то ли с жалостью, проговорила Галина Николаевна и добавила - а я ведь так и не знаю, хорошо это или плохо. И чем это я так провинилась перед богом, что он послал мне такую жизнь. Хотя с другой стороны грех жаловаться. У меня есть ты, интересная работа да и мама моя, до последних дней своей жизни была рядом с нами. А сложись всё по другому, так и померла здесь одна, без единой родной души рядом. И тогда вот уж точно было бы наказанием и для неё и для меня.

Мы вот всё о счастье мечтаем. А в чём оно, это счастье заключается? В деньгах, в славе, в любви? Мечтаем и ждём, что вот кто-то придёт и подарит нам его. И всё только о себе и думаем, и хотим как можно скорее получить его. И совсем забываем, что прежде чем получить что-то, надо это дать. А давать мы совсем не умеем, да и когда это делать, если постоянно заняты только тем, что сидим и ждём, когда нам это принесут или подарят другие. Ну не все конечно? Я ведь тоже не сразу это поняла, и долгое время пока жила одна, всё горевала и ждала. Ну и конечно, чего тут таить, была сильно обижена, на свою судьбу. За что мол мне такое? Разве о такой жизни я мечтала все свои юные годы? Я ведь тоже хотела иметь и мужа и детей побольше и нормальную семью в конце концов. Но всегда желала это только себе, и совершенно забыла о своей матери. Вот и получилось, что ничего не получила, так как не научилась отдавать. Так что дочка потерпи, присмотрись к жизни и постарайся научиться отдавать, а потом глядишь, оно и само к тебе придёт.

- Мама, ты как то странно рассуждаешь. Ну как это я могу отдать, если он не берёт, если он не хочет меня даже видеть. Как я смогу это сделать? Как?
Ну разве можно так дальше жить? Да и вообще, разве это жизнь? Уеду я отсюда, в город. Там и народу побольше, да и его не буду видеть. Может там смогу забыть его и найду кого-нибудь другого.

Сказав эту последнюю фразу, Сима на минутку задумалась: «Забыть? Нет, пожалуй это у неё не получиться. Но вот уехать в город? Это было уже куда более реальное решение. Да, точно! Надо ехать в город. Интересно, а что скажет мама? Наверняка начнёт отговаривать, умолять остаться с ней. Ну и пусть, а я всё равно уеду. В конце-то концов, я уже не маленькая и сама в праве решать, где мне жить. Ну а он? Раз ему всё равно, то и мне тоже. Жалко вот только мать, совсем одна останется.»

Сима застыла в тягостном ожидании и приготовилась к борьбе за это столь неожиданное решение. Но мать молчала. Потом она тихонько освободилась от объятий дочери и совершенно холодным и бездушным тоном промолвила: «Ну что-ж, езжай. Это твоё право. Уговаривать остаться и удерживать силком не буду. Похоже, что это наш крест. Когда-то и я, вот здесь, на этом самом месте, уговаривала свою мать отпустить меня в город, за счастьем. Как она меня тогда уговаривала и умоляла остаться. Но я её не послушалась, уехала. И где я теперь? И где моё счастье? Вот оно здесь, стоит напротив и собирается меня бросить. Что я могу ещё тут сказать? Если решила, что так для тебя будет лучше, то езжай, а за меня не беспокойся, я уж тут как нибудь сама проживу. Как моя мама.

Галина Сергеевна, тяжело вздохнув, повернулась и пошла в свою комнатку. И только теперь Сима заметила, как постарела её мать. Она всё ещё стояла и не могла сдвинуться с места, а в голове всё звучала последняя фраза: «Как моя мама». Ну уедет она в город, как это сделала однажды мама. Ну поживёт там одна, как мама, и вернётся назад одна, а может как мама, не одна а с ребёнком. О! Господи! Да что же это такое. А как-же мама?

И никуда она теперь не поедет, а останется здесь, с мамой. А он? Ну и шут с ним. Пусть сам проваливает к своей Анжелке. У него видите-ли любовь. Да какая это любовь? Она ведь совершенно равнодушна к нему, играет с ним как кошка с мышкой, а он как слепой, ничего видеть и слышать не хочет. Дуррак. Он ещё не раз пожалеет об этом, но будет уже поздно.

Как часто, с горяча, мы разбрасываемся злобными пожеланиями, а потом забываем о них. А они, словно бумеранг, возвращаются назад, причём в самый неподходящий момент. Возвращаются и попадают прямо в цель.

****

Должность агронома, давала Сергею многие льготы, но и многому обязывала. У него была служебная машина, старенький Уазик, который хоть и ломался иногда, но всё же позволял ему перемещаться во все точки их необъятного земельного хозяйства. Он был постоянно в разъездах, хотя мог и просто отсидеться в конторе или дома. Его никто не контролировал и не проверял, где он и чем занимается. Да и зачем? Тут и так всем было ясно, человек работает. А он действительно работал и за день уставал так, что поздно вечером едва добравшись до кровати, тут же засыпал мертвецким сном.

Свой розарий он запустил, и каждый раз заглядывая туда, всё думал, завтра. «Вот точно завтра, доберусь я до вас и наведу там порядок, а то ишь как разрослись». Но наступал новый день и он вновь мчался куда-то по срочным делам, чего-то там проверить, разобраться, заказать, наказать и так вот целый день. С питанием было тоже не густо. Иногда готовил себе сам, но чаще всего заглядывал в райцентровскую столовую, где его всегда с обворожительной улыбкой встречала Тамара.

Глава 5
Тамара

Тамара была не просто буфетчицей при столовой, она была наследственной буфетчицей. Да и как тут не быть, если мама заведующая столовой, а папа... ну, про папу мы уж лучше промолчим. Тут и мамы с лихвой хватает. Но не будем отклоняться от темы. Итак Тамара.

«...Ах! Тамара, Тамара! Забудь про гитару
Забудь про те песни, забудь про любовь...»

Но не подумайте ничего плохого. А песня, это так, просто к слову пришлась. Это была обычная девушка, очень общительная и разносторонне развита, тут можно добавить и всесторонне тоже. У неё была столь соблазнительная фигура, что на мужиков действовала как магнит, и стоило ей пройти мимо стойки, у которой стояли мужики, как они синхронно, как загипнотизированные поворачивали вслед за ней головы. По началу ей это нравилось, но потом только раздражало. Она ведь не лошадь или корова какая-нибудь, которую только и ценят за внешние данные. Она тоже как и все, прежде всего человек, обычный человек, у которого кроме тела, есть и душа. Но на её душу почему-то всем было наплевать, не всем конечно. Но таких было так мало и приходили они так редко. Разве что вот Серёжа. Серёжа был у неё частый и самый желанный гость. За это время она успела приглядется к нему и узнать о нём всё, ну почти всё. И что от него девушка сбежала, уехала то ли к своему отцу, то ли ещё куда. И что по нему Симка сохнет. Дурочка, всё не знает с какого боку к нему подступиться. Молодая, неопытная, жизни не видала. Да будь она на её месте, она б его уже давно его в оборот взяла. А что, раз плюнуть. Он вроде парень не плохой, хозяйственный. Так что пора и о собственном счастье подумать. Жизнь то проходит, а сидеть и ждать, как эта Сима, она не будет, а то так и до пенсии досидеться можно.

- Ой Сергей Васильвич! Давненько вас не было видно. Уж не случилось что?

- Да что вы говорите, любезная. А я ведь только на прошлой неделе к вам заглядывал. Тамара, брось ты эти шуточки. Некогда мне, спешу. Дела ждут. У тебя то как? Что нового? Замуж не собираешься?

- Да у меня, так же как и у вас. Дома пустота и скукота. Купила новый телевизор, да и тот от скуки сдох.

- Как это сдох?

- Да вот, что-то там сзади чихнуло, он от страху и отдал душу. Была одна забава дома и той теперь нет. И мужиков подходящих нет, кто бы его починить ну или хоть одним глазом взглянуть смог. Вот сижу и думаю, везти мне его к ателье, или телемастера на дом пригласить. Серёженька, а ты случаем в этих делах не спец. А то бы зашёл поглядел, что и как? Мне ведь тоже кого попало просить не хочется. Я ведь одна живу. А ты как никак свой человек, да очень порядочный к тому же. Ну так как, может заглянул бы по дружески?

- На а отец, что. Сказала бы ему, он это в миг организовал.

- Ну вот ещё. Да я лучше без телевизора поживу, чем к нему за помощью обращусь. А ты если не можешь, так и скажи, что у тебя две левые руки. Я тогда буду другого искать, или сама попробую разобраться, а то на вас мужиков надежды мало.

- Ладно, ладно. Считай что тебе повезло. Сегодня после работы заскочу. Инструменты хоть есть, ну хотябы отвёртка найдётся?

- Ну конечно есть. С интсрументами у меня полный порядок, да я бы и сама поглядела, но уж очень электричества боюсь. С самого детства боюсь. Меня однажды так шандарахнуло, что на всю оставшуюся жизнь хватит. А ты у нас на все руки мастер. Тебе ведь ничего не стоит разок взглянуть. Ну так что, буду ждать к семи вечера. Вы уж постарайтесь, Сергей Васильевич.

- Ладно. Раз сказал что буду, значит буду. Но только я не на долго. Мне завтра рано вставать. Надо ещё на полевой стан успеть проскочить.

Ровно в семь, Сергей постучал в дверь. Тамара встретила его в шикарном платье, плотно облегающем её тело. Но что больше всего смутило его, так это глубокий вырез спереди, весьма заманчиво демонстрирующий пышные груди и её нежную лебяжую шею. На фоне этого величия, небольшой кулончик на золотой цепочке, казался совсем крохотным, готовым вот-вот провалиться в это захватывающее дух пространство, но дальнейшее разглядывание этих деталей становилось просто неприличным и Сергей упёршись глазами в пол, стал усиленно разглядывать свои ботинки.

- Я кажется не вовремя? У тебя гости?

- Да нет, что-ты, что-ты Серёженька. Очень даже вовремя. По тебе можно часы сверять. А это? - Тамара провела рукой по платью, - это мне подружка сегодня занесла, предлагает купить. Ну я и не выдержала, пока ждала тебя, решила примерить. Ну и как оно? Тебе нравится?

- Да мне то что? Хорошо платье, нарядное такое. Главное чтобы тебе нравилось.

- Да в том то и дело. Сама я никак не могу определиться. А со стороны оно то виднее. Поэтому и решила вот воспользоваться случаем и узнать твоё мнение. Ты же у нас интеллигентный и образованный человек, небось и не такое

видал. Но что это я, пригласила в гости, а сама человека на пороге держу.
Серёжа ты проходи, телевизор вон там в углу стоит. А я сейчас, я мигом, я только платье переодену.

Сергей, сделав шаг в сторону зала, тут же развернулся и занялся своими ботинками. Негоже интеллигентному человеку топать в грязных башмаках по этим дорогим коврам. Такого приёма он никак не ожидал. Да и сам вид и убранство комнат действовали в некоторой степени шокирующе. А он даже домой не стал заезжать, что бы хоть как-то поприличнее одеться. Не на именины сюда ехал, а по делу. Задерживаться здесь на долго он не собирался, так на парочку минут, взглянуть на это чудо советской электроники. Зайдя в комнату, он огляделся по сторонам. Обстановка была под стать платью, современный чешский гарнитур, хрусталь на витрине, да и телевизор, последняя модель? Такой ещё не скоро он сможет позволить себе купить.

«Ну что-ж давай посмотрим, что у нас тут?» Ему уже доводилось пару раз чинить старенькие телевизоры. Но там всё было так просто. А тут, такое наворочено. Сняв заднюю стенку, он подключил его ещё раз на прямую, в надежде, что удастся визуальным путём и без приборов определить причину.
Пощёлкав пару раз включателем, понял, надо проверить предохранители. Как он и жидал, один из двух предохранителей оказался чёрным, перегорел значит. Но потом к своему великому удивлению, обнаружил запасной, который тут же висел в маленьком полиэтиленовом пакетике. Это было как раз кстати. Поставить на место новый предохранитель, дело пяти минут. Он был почти уверен, что это и было причиной и проверять уже дальше не стал, а начал собирать всё на место. В этот момент, появилась Тамара, теперь уже просто в домашнем халате. Сшитый из тонкой шёлковой ткани, с многочисленными рюшечками на рукавах и по краям, и украшенный на спине китайскими иероглифами, под которыми красовались два дракона, этот так называемый домашний халат

наверняка был ещё дороже чем платье. В добавок к тому, он был без пуговиц и глубокий разрез, вернее то место, где встречались обе половинки халата, ещё больше подчёркивал женские прелести хозяйки. От одного только этого вида и приятного запаха дорогих духов, можно было запросто потерять голову. А когда она подошла к нему в плотную и прижавшись к его спине, с видом любопытной хозяйки, стала интересоваться, как продвигаются дела, он вообще дышать престал. Осторожно отодвинул её в сторону и сказал, что всё готово, только в розетку подключить осталось. А потом добавил, что поломка оказалась пустяковой и хорошо, что она не отнесла его в мастерскую, а не то эти мастетера содрали бы с неё кучу денег. В подтверждение своих слов, Сергей щёлкнул ещё раз выключателем и телевизор ожил.

- Ой Серёженька, какой же вы всётаки молодец. Я прямо и не знаю, чем смогу отблагодарить вас. Денег вы конечно не возмёте, тогда может поужинаете вместе со мной? А то одной как-то уже осточертело, да и вам дома меньше хлопот. И прошу не возражать. Мойте руки и сейчас же за стол.

Сергей помыв руки и вытерев их белоснежным душистым полотенцем, направился на кухню. Увидев накрытый стол, аж присвитнул от удивления.

- Вы уж меня извините, я тут по скромному, так на быструю руку.

Тамара всё ворковала и ворковала, а Сергей, махнув на всё это рукой, просто перестал удивляться. Скромным этот ужин тоже назвать нельзя, как и всю обстановку в квартире, но вид этого изобилия и его волчий аппетит, тут же заглушили голос разума. Успокоив себя тем, что он только слегка перекусит и тут же домой, Сергей, обречённо вздохнув, сел за стол.

Если бы не бутылочка холодненькой Столичной, то так оно бы и вышло. Но выходило всё совершенно по другому. Первая рюмочка за успешный ремонт, потом за хозяйку, потом за мастера, ну а потом и просто так, как это обычно бывает. А время как буд-то остановилось. Сергей и забыл уже, что ему завтра рано вставать, и всё больше и больше сдавал позиции. А

Тамара вдруг вспомнив, что ей недавно занесли пластинку с чудесной музыкой, предложила послушать её. Потом они решили потанцевать чуть чуть.

Зазвучала тихая приятная музыка и Тамара нежно прижавшись всем телом к нему и прислонив свою голову к его груди нежно завоковала.

- Ой, Серёженька, какой же вы интересный мужчина и почему-то всё один да один. А сердечко то как стучит.

А сердечко у Серёжи, непонятно что вытворяло. Как раненая птичка, всё металась в клетке в поисках выхода. То начинало вдруг учащённо биться, а то затихало совсем. И ему начинало казаться, что всё, оно остановилось и уже больше никогда не забъётся. Но через минуту всё начиналось с начала. Его постепенно начинал охватывать страх. Рядом такая женщина, а у него всё молчит. Всё глухо как в танке, и чем сильнее она к нему прижималась, тем сильнее его охватывал страх.

«Что же ему теперь делать? Может просто взять и уйти? Но вот так сразу, даже как то неудобно. Она так ласкова и нежна с ним, да и не только это, такая женщина, ну просто картинка и быть с ней рядом так приятно. Прятно то приятно, но вот всё равно что-то не то, и что-то тут не так. А вот что?»

Он попытался слегка расслабиться, что бы как можно скорее избавиться от этого неприятного чувства, но тут же почувствовал, как он устал. Ему просто захотелось спать. Прижаться к её нежному, мягкому и тёплому телу и тут же уснуть, ну хотя-бы на полчасика. В нём просто что-то замкнуло или перегорело, как в том телевизоре. Слишком много для первого раза. И ничего ему уже больше не надо. Всё, туши свет.

- Том, ты знаешь, я пожалуй пойду, а то поздно уже, да и устал как собака. Уже день больно тяжёлый был.

- Серёженька, а зачем тебе домой идти, тебя что дома ждут? Переночуешь у меня, я тебя завтраком накормлю и поедешь, как человек по своим делам. Ну? Ну что же ты стоишь, пошли скорей.

Она быстро выключив музыку, взяла его за руку и потащила в соседнюю комнату. Взмах руки и вот она белоснежная простынь, манящая своей белизной и невинностью. Осталось только освободиться от ставшей вдруг лишней одежды. Во время службы в армии, у него это получалось лучше. А тут всё цеплялось и путалось. Ну скорее же. Она уже лежала и ждала его, раскрыв ему свои объятья. Ну!? Ох уж эти проклятые носки. Но не ложиться же в носках, Присев на край кровати, он наконец освободился и от них. Потом повернув голову и посмотрев на мягкую подушку, потихоньку опутил на неё голову. За спиной зашевелилась Тамара.

- Серёжа, ну что с тобой? Почему ты от меня отвернулся, ну повернись же ко мне.

Сергей почувствовал, как рука Тамары прикоснулась слегка к его плечу, а потом плавно и нежно заскользила по его руке, погладила её и двинулась дальше... Нет. Только не это. Сердце в груди Сергея из раненой птички превратилось в курочку, испуганно мечущуюся по курятнику, в который неожиданно пробралась лисица. Оно неистово билось и металось, готовое вот-вот остановиться навсегда. Нет, он этого не выдержит.

Сергей, сжавшись в комок, полежал ещё немного, потом освободился от руки Тамары и снова сел на кровать. Достал свои носки, не спеша одел их, потом майку, рубашку и под конец брюки.

- Извини, не могу - тихо проговорил он и пошёл к двери.

- Серёжа, ну что с тобой. Ты куда? Вернись, я прошу, я умоляю тебя - уже с отчаянием в голосе проговорила Тамара.

- Извини, не могу - всё так же тихо ответил он и взялся за ручку двери.

- Да ты у нас оказывается импотент. Ты больной Серёжа. Тебе либо лечиться, либо жениться надо - уже вслед закрывающей двери, прокричала ему Тамара.

- Ну и пусть - уже совсем тихо пробормотал он, одевая ботинки. Взявшись за ручку выходной двери, он обернулся и ещё раз окинул взглядом эту комнату, до упора заставленную дорогой импортной мебелью, потом ухмыльнувшись, взглянул на телевизор, на котором стояла начатая бутылка водки, две рюмочки и тарелочка с закуской. «Вот и отремонтировал. А это мне за работу» с горечью подумал Сергей и вернувшись в комнату, взял бутылку и вышел с ней на улицу.

    Ему казалось, что прошла уже целая вечность, с тех пор, как он зашёл в этот дом и на улице уже должно быть темным-темно. Но оказалось не так, было ещё довольно таки светло, хотя уже чувствовалось, что ещё чуть-чуть и серый волк-вечер испуганно сбежит с этих мест, оставив всё на попечение черноокой ночной красавице. Сергей с горечью улыбнулся сам себе: «Ну надо же, с чего это вдруг его потянуло на столь романтическим эпитеты. А что ещё ему оставалось в этой ситуации делать. Серой Волги у него нет, но зато его ждёт верный и преданный друг, его старенький Уазик. Сергей слегка покачиваясь направился к нему, потом долго искал ключи в своих многочисленных карманах, перекладывая бутылку с одной руки в другую, и наконец найдя их и не оборачиваясь сел в машину и поехал к себе домой.

    В таком состоянии он ещё никогда не садился за руль, но на данный момент ему уже было всё равно. Он хотел только одного, поскорее добраться до дому и завалиться спать. Как ему тогда казалось, весь путь он проехал весьма прилично, правда по дороге умудрился сломать небольшое деревце, растущее слишком близко к обочине дороги. Обида за себя и злоба на весь мир, всё сильнее захватывали его разум, и попадись на пути кто-нибудь живой, сшиб бы и его. «Понасажали тут деревьев, что ни проехать ни пройти мимо» - то ли комуто невидимому, то ли самому себе, со злобой пробурчал он. К счастью деревце было небольшое и всё обошлось для машины только маленькой царапиной. Оставив машину у ворот, заезжать во двор в таком состоянии не стал, он направился к своему дому. Заходить в дом, ему вдруг расхотелось и он присел на ступеньки крылечка, поставив рядом бутылку. Идти искать стакан и какую либо закуску было слишком долго и он тут же из горла, сделал несколько больших глотков. «Фу какая гадость. И как только её мужики пьют?» Но посидев немного, он почувствовал некоторое облегчение на душе. «Ну ничего, он ещё покажет всем, какой он больной. Сама больная, не могла просто сказать, что хочет..., а то телевизор у неё понимаете-ли сломался. С телевизором то, как раз всё и в порядке, а вот что с ним случилось, такого маху дал. Завтра об этом будет вся деревня знать. Хотя это не в её интересах.» Сергей сделал ещё парочку больших глотков, но заметив что в бутылке осталось совсем чуть-чуть, допил и это. Посидев ещё немного, решил, что на сегодня хватит и пора идти в дом. Он хоть и был уже изрядно пьян, но о своём долге помнил. Помнить то помнил, но встать так просто и быстро у него уже не получилось. Всё кругом куда-то поплыло и его тело стало каким-то чужим. Кое как дойдя до двери и открыв её, он сделал ещё один шаг, и споткнувшись о порог упал на пол . Последнее, что он увидел, так это коврик у входной двери, стремительно летевший ему прямо в лицо и большое оцинкованное ведро. От ведра он ещё успел кое-как увернуться, задев при этом слегка свой висок, а вот от коврика не удалось. Шум от отлетающего ведра был неимоверный, и наверняка разбудил всю деревню, но ему уже было всё равно. То ли от столкновения с ведром, то-ли от удара об пол, он моментально выключился. Да и к тому же он выпил черезчур много, или как бы тут помягче сказать, по неопытности не расчитал свои силы.

 Только этот опыт нам подчас достаётся уж слишком дорогой ценой. У головы Сергея, лежащей на входном коврике, стало образовываться тёмное пятно. А он всё лежал и не двигался.

Глава 6
Подруги

Сима не стала уезжать от матери в город, в поисках своего счастья. Но в тот вечер, она так и не решилась ей об этом сказать. Ночь прошла тяжело, тревожно, она всё никак не могла заснуть, жалея свою мать и ругая себя за эту нелепую идею. Не легче было и матери, и она так же как и её дочь, долго не могла заснуть и тяжело вздыхая думала о судьбе своей дочери и готовилась к самому худшему. Но как говорят, утро, вечера медренее.

Утром, за завтраком всё и прояснилось. Были конечно и слёзы, но теперь это были слёзы радости и облегчения. Их размерная и спокойная жизнь вернулась в своё русло и всё опять пошло своим чередом. Каждое утро они вместе выходили из дому, одна спешила в школу, а другая в управление совхоза. Сима так и не стала учительницей, но благодаря её хорошему аттестату смогла получить место экономиста. Работа не пыльная, но и не денежная. Интересного в ней было тоже не ахти сколько, но как в этом случае говорят: « Нет плохой работы, есть плохие работники».

Что касается Симы, то она быстро освоилась с кругом своих обязанностей и старалась всё делать аккуратно и вовремя, и уже через полгода стала незаменимым и очень нужным работником при бухгалтерии. Даже главный бухгалтер, настолько привык к её безотказности и исполнительности, что при малейшей возможности переправлял все документы на обработку ей. Так что сильно скучать ей не приходилось. Но работа это одно, а вот личная жизнь это другое. Были у неё и друзья и подруги, с которыми она иногда встречалась и ходила с ними в кино, на танцы. Но всё это без особого желания, скорее всего так, за компанию. Может этим всё и ограничилось, и продолжалось и дальше. Но однажды к ней на работу примчалась её школьная подруга Тамара. Она была взволнована одной сногошибательной новостью. Дело в том, что в их сельском клубе появился новый директор, молодой симпатичный мужчина. И он решил организавать при клубе хор или что-то вроде деревенской самодеятельности. Петь Тамара не любила ещё со школьных времён, а тут она просто загорелась желанием, во что бы то ни стало попасть в хор. Тут то она и вспомнила о том, какой красивый голос у Симы, что у неё природный талант, который просто грех прятать от людей. А поэтому они должны сегодня же вечером пойти и записаться в хор.

Всё это показалось Симе очень странным и она всё никак не могла понять свою подругу. С чего это у той вдруг проснулась любовь к пению, но потом всё быстро прояснилось. Причиной оказался не хор, а его руководитель, новый директор клуба. Что касается личности директора клуба, то Симе было всё равно, а вот что касается пения, то это уже на много интереснее, и она согласилась составить компанию своей подружке. Тут получалось каждому своё, но главное, чтобы интересы не пересекались.

Возвращаясь домой после первой репетиции, они возбуждённо обсуждали последние события прошедшего вечера.

- Ой Сима, если бы ты видела, как он на тебя смотрел, когда ты пела. И почему у меня нет такого голоса. Я бы его в миг охмурила.

- Да ты что, Тамара, одумайся. Он же женатый, да и ребёнок у них есть, и его жена уже второго ждёт. Разве ты этого не заметила?

- Ну и пусть ждёт, а я всё равно своего добьюсь. Ну а то, что женат, так это даже интереснее. Жена не стена, отодвинется. Да и потом, у женатых намного больше опыта в обращении с женщинами. Не то что эти наши желторотики. Только и могут водку под забором хлестать.

- Ну зачем же ты так. У нас есть и хорошие парни, работящие и до водки не столь охочие.

- Ну и кто же это такой? Уж не твой ли Серёженька.

- Да хотя-бы и он. Только он не мой. У него уже есть подружка.

- Ой как интересно, и кто же она такая? Кто нибудь из наших, местных, или скорее всего какая-нибудь городская краля ему голову заморочила. И что, неужели он её так сильно любит?

- Не знаю. А ты что сама не видишь что-ли. По крайней мере он до сих пор один ходит.

- Ну это мы ещё посмотрим, как долго он ещё один ходить будет.

- Ты что это ещё задумала?

- Ой вы посмотрите-ка на неё пожалуйста. Прям сразу волноваться начала. А ты знаешь, что все эти мужики и ломанного гроша не стоят, потому что все они кобели. У них только одно на уме, как бы скорее бабе под юбку залезть. И твой Серёженька не исключение.

- А вот и не правда, он не такой. Он хороший, - пыталась всё ещё защитить его честь Сима, хотя начинала понимать, что дальнейший разговор к добру не приведёт и решила сменить тему. Уж лучше пусть директором занимается, а её Сергея не трогает.

- Ой да ладно. Заладила, кобели, кобели. Ты мне лучше скажи, ты на следующую репетицию пойдёшь?

- Да я и не знаю, стоит ли? Сама же сказала, что женатых не хорошо трогать, тем более ещё с ребёнком. Меня тут совсем застыдила, что же это по твоему, я совсем совесть потеряла. Хотя сама то не лучше, глазки вон как горели, на него глядючи. Ой да не расстраивайся так. Я же пошутила. Ну а насчёт хора не знаю, посмотрим как с работой получится. А ты давай дерзай. У тебя талант. У тебя получится.

На этом разговор их закончился, как и дорожка, которая дальше была у каждого своя. Остаток пути, до самого дома Сима шла и корила себя, за то, что затеяла этот разговор с Тамарой о мужиках. Кто её теперь знает, что ещё она задумала. «Вот тебе и подружка. Ох не к добру всё это. Не к добру. А Сергей, он не такой, он совершенно другой, он хороший, и даже если он её и не любит, зато он любит свою Лику. И почему она не Лика?»

****

Уже поздно вечером, управившись со всеми домашними делами и как обычно перебравшись на кухню, чтобы попить немного чая и обсудить последние новости, Галина Николаевна заметила, что с её дочкой опять творится что-то не ладное. На её вопрос, всё ли у неё в порядке, ладно ли всё на работе, Сима ответила совершенно неожиданным вопросом: «Мам, а это правда, что все мужики кобели?»

Если бы она в этот момент стояла, то конечно тут же бы села. Но тут, просто поставила свою чашечку с чаем и с удивлением спросила: «С чего это вдруг тебя это так заинтересовало?»

- Ну вот мой отец к примеру, он тоже кобель был. И ему тоже лишь бы под юбку залезть? Или он всё таки любил тебя? Ты ведь мне о нём ещё ничего не рассказывала.

Эти слова вызвали бурю эмоций в душе Галины Николаевны, готовые разорвать её на тысячи кусочков, но она сдержалась. Ну разве можно так говорить о своём отце? Хотя дочь по своему права и повидимому пришло то время, когда придётся рассказать всё.

Глава 7
Неразрешимый вопрос

Вопрос был не простой и однозначно на него ответить невозможно. Но и не такой уж новый. И она тоже, будучи такой же молодой, не раз слыхала это высказывание по поводу мужчин от своих подруг. Но были и другие мнения, верить в которые, хотелось ей больше всего. И не только верить, но однажды и встретить свою большую и чистую любовь. А то ведь как получается, если действительно все мужики кобели, то любви нет, а есть только животные страсти. А если она всё-таки есть, тогда должны быть и порядочные мужчины, которым можно верить и которые способны на это большое и светлое чувство.

Любовь это конечно прекрасно, но всё равно, уже тогда, будучи студенткой пединститута, она старалась держаться подальше и от первого и от второго. Ну с первым и так всё ясно, педагоги как и священники должны были покидать «Альма Матер» чистыми и непорочными. Но кто бы мог тогда подумать, что всё так получиться. А ведь тогда она была в себе так уверена, что сможет удержаться и не податься на льстивые соблазны мужиков. Она твёрдо решила, что пока не окончит институт, никаких шуры-муры с парнями. И продержалась же ведь до пятого курса, пока не появился этот. Всё ей в глаза заглядывал, оказывал всяческие знаки внимания. А она скала, кремень, всё держалась и его держала на приличном расстоянии. Подружки сокурсницы всё её упрекали, что мол парня совсем замучила. Хоть бы в кино с ним для приличия сходила, а то бедняга совсем исстрадался. О каком тут кино может быть речь, когда защита дипломных работ на носу. Но с другой стороны, эта учёба уже настолько осточертела, что и не мешало бы хоть чуть-чуть отвлечся, хоть как то расслабиться. Вот и расслабилась, отвлеклась на свою беду. Согласилась сходить с ним разок в кино. А какой он радостный и счастливый в тот день пришёл к ним в общагу. Ну прямо как будто свататься собрался. А тут ещё подружки по комнате, стали язвительно подмигивать, давай мол хватай мужичка. Что сказать, ей конечно это всё приятно было, и его ухаживания и вздохи, но вот только когда она увидела многозначительные взгляды своих подруг, то тут вдруг взбунтовалась. Ей показалось, что её пытаются втянуть в какую-то авантюру. Сейчас она сходит с ним в кино, а завтра начнут все в группе шушукаться и невесть что сочинять про неё. Нет! Не выйдет. Одним словом, она отказалась, пойти с ним в кино. Бедный парень, как он расстроился. Так и стоял с двумя билетами посередине комнаты. Попытался уговорить её ещё пару раз, но чем настойчивее был он, тем упрямее становилась она. Кончилось тем, что и он отказался идти в кино, чем тут же воспользовались её подружки. Их и уговаривать не надо было. Через пять минут их уже не было в комнате, а он всё стоял и не знал, как ему дальше быть. То-ли уйти, то-ли остаться ещё чуть чуть. И вот в этот момент, почему-то стало жалко парня. Ну что-ж, пожалела, предложила попить чайку, который ей мама из дома прислала. Вот и попили по домашнему и расслабились. Вернее стало в какой-то миг так уютно и хорошо рядом с ним, что не удержалась. Может всё-таки было бы лучше сходить с ним в кино, тогда ничего и не случилось. И не было бы всех этих мытарств с беременностью, с поисками жилья. Ну разве могла она тогда знать, какой ценой она заплатит за этот вечер. Но всё это будет потом, а тогда, после этого вечера, её как будто заменили. Весь мир предстал совершенно в других красках и тонах. Ей стало так приятно быть рядом с ним и в кино они вместе ходили и не раз, и как оказалось ничего страшного. Они стали чаще встречаться, пока не началось это. Вернее эти приступы голода чередующиеся с тошнотой. Тогда ей казалось, что это всё от переутомления и что стоит ей только как следует выспаться, так сразу всё пройдёт. Но оно не проходило, а потом это заметили подружки и посоветовали провериться у врача.

Диагноз врача испугал и обрадовал. Она беременна и у них будет ребёнок. У них. Но после встречи с ним, на которой она надеялась, что и он разделит с ней эту радость, стало ясно. Ребёнок будет только у неё. Нет от ребёнка он не отказывался, но только не теперь, не сейчас. И они обязательно поженятся, но только не сейчас, а попозже. Ведь у них нет ни жилья ни работы, да и защита дипломов уже не за горами. Так что надо постараться как можно скорее избавиться от этого. Трус. Он испугался и бросил её. Вот и вся любовь, которая так и не разгоревшись как следует, тут же угасла. А он всё ещё пытался доказать ей, что это единственно правильное решение и если надо, то может поговорить со своим приятелем, родители которого весьма влиятельные люди со связями, и помогут устроить это дело, да так, что и следа не останется. Как же просто он с ней об этом говорил. И следа не останется. А память? Её что, тоже можно стереть так, что и следа не останется. И тут как говорят, с её глаз пелена спала. Она поняла, что всё, что раньше между ними было придётся действительно стереть. Стереть, забыть, выкинуть напрочь всё, что было связано с ним, и вообще со всеми мужиками. Все они трусы и подлецы. Решила и сделала. Но ребёнка оставила, а ему сказала, что пошутила. Просто одна её знакомая подружка ей рассказывала, как она специально забеременела, чтобы привязать к себе парня. А это была просто проверка его чувств. Он конечно же обиделся и стал изображать благородное негодование. Да как мол она посмела сомневаться в его чувствах. Да это так жестоко с её стороны. И вообще с этим не шутят. А она и не шутила. Она просто прекратила с ним встечаться. А он поняв, что отныне свободен, исчез навсегда и больше не появлялся на её жизненном пути. А потом пришла пора зашиты дипломов и распределение в другой город.

Уже не раз мать звала её к себе в деревню, но она не могла и всё ещё была уверена, что сможет устроить свою личную жизнь сама. Но не в деревне у своей матери, а в чужом городе, так как по закону, была просто обязана отработать два года по месту распределения, чтобы окончательно подтвердить свой диплом. Тогда она ещё надеялась и верила, что в нашем гуманном государстве её не оставят одну без помощи и поддержки. И всё это конечно так и было, да вот только одно маленькое но. Она ведь должна была учить детей. И везде её встречали с распростёртыми объятиями, но как только выяснялось, что у неё есть маленький ребёнок, у которого отец неизвестно кто, то картина сразу же резко менялась. Как же человеку с таким моральным обликом, можно доверить учить наших маленьких детей. И выяснялось, что то место, которое буквально ещё вчера было свободно, сегодня уже занято. Хорошо подруги помогли обзавестись справкой, в которой говорилось, что её жених проходит службу во флоте, и регистрация брака на данный момент не возможна. Эта маленькая бумажка сделала большое дело и её всё-таки взяли на пол-ставки, да и то с условием, что через два года она должна обязательно зарегистрироваться в законном браке. А иначе как? Иначе нельзя. Учитель он ведь всегда на виду и должен быть примером не только на работе, но и в быту. А её быт как раз таки желал лучшего. Той мизерной зарплаты, которую ей выдавали в школе, явно не хватало. Пришлось на ночь устроиться уборщицей в местной больнице. Как она выдержала эти два года она и теперь понять не может. Но она выдержала, не сломалась и отработала свой условный срок до конца, по полной программе. Появилась возможность тут же уехать к матери в деревню. Но, она уже так привыкла к городоской жизни, что потребовалось ещё долгих пять лет, пока она окончательно поняла, что всё-же будет лучше, если она вернётся к матери. Решить то решила, но на самом деле оказалось всё не так просто. Школа в той деревеньке была не большая и получить там место по своей специальности на данный момент было не возможно. А приехать просто так и начать всё с нуля, тоже вроде глупо. Спрашивается зачем тогда столько сил и энергии было отдано учёбе в институте и борьбе за рабочее место. Вот и получалось, если они и жили в деревне, то только во время летних каникул, да и то, проживала с бабушкой в основном только внучка, а она, если и приезжала, то всего на несколько дней. Каникулы были только для детей, а для учителей всего лишь смена рода деятельности. Многие учителя, на период летних каникул устраивались на работу в пионерские лагеря. Хоть какой-то, но всё же доход. Пока была молода, ей это даже нравилось, но со временем, она стала замечать, что и у неё нервы не железные и требовалась хоть небольшая передышка от всех этих «прелестей» воспитания подрастающего поколнения.

    Всё разрешилось совершенно неожиданно. Тут как говориться, не было бы счастья, да несчастье помогло. Тяжело заболела мать и ей срочно требовался уход и это в самом начале учебного года. Пришлось срочно брать отпуск на две недели и ехать в деревню. Домой, в свой любимый город, она уже не вернулась. К тому времени в деревенской школе появилась вакансия на должность учителя начальных классов. Всё шло к тому, чтобы навсегда остаться в деревне. Мать правда пыталась уговорить свою дочку вернуться пока не поздно в город, пытаясь убедить её в том, что эта хворь не на долго и она очень скоро поправится и сможет как и раньше вполне самостоятельно вести домашнее хозяйство. Но оставлять ещё раз, мать одну, она уже не решилась, уж слишком не убедительно выглядели материнские аргументы. Возраст уже не тот, что бы вот так быстро вернуться в прежнюю форму. Да и потом, если не она, то кто же поможет её родной матери. Нет, этого не будет и отныне они всегда будут вместе.

Вот так и стали они жить-поживать втроём, в этом небольшом деревенском домишке, пусть не со всеми удобствами, но зато всё там было своё. Старшая как и было раньше, за хозяйством приглядывала, средняя устроилась на работу учительницей в местной школе, а младшая...
А чем занималась младшая ты и сама прекрасно знаешь.

И это пожалуй всё, что смогла рассказать Галина Николаевна своей дочери. Ну а то, что касается вопроса насчёт мужиков, кобели они или нет и есть ли любовь вообще, то тут надо решать каждому самостоятельно. И как ты к этому будешь относиться, так оно и будет. Приняв что-то одно за истину, будешь вынужден тут же отвергнуть другое, но будет ли это на сто процентов верно, гарантии никто не даст.

Глава 8
Боец невидимого фронта

В маленькой летней кухонке царили тишина и покой. Здесь не было дорогого импортного кухонного гарнитура, не было серванта со стеклянными дверцами, за которыми прятались хрустальные бокалы и столовый сервиз на двенадцать персон. Всё было здесь гораздо проще и скромней: парочка полочек с чистенькими и аккуратно выглаженными занавесочками, прикрывающие собой простую кухонную посуду, небольшой кухонный шкафчик для продуктов, холодильник, стол со слегка потёртой клеёнкой, скамейка и парочка табуреток ну и гордость хозяйки, небольшая газовая плита. Обычная летняя кухонка, которая при всём своём скромном убранстве имела самое главное, здесь было очень уютно. Это было их любимое место, где они занимались не только приготовлением пищи, но и могли просто так посидеть вдвоём за чашечкой чая, поговорить о том о сём, обменяться последними новостями. Иногда так увлекались, что забывали о том, что время, которое как бы останавливалось в этой маленькой уютной кухонке, но там, за небольшим окошком, всё так же продолжало идти дальше. Вот уже и ночка-разбойница незаметно подкралась к дому, а они всё сидели теперь уже просто молча, размышляя каждый о своём. Их размышления прервал шум проезжающей за окном машины и хруст сломанных веток.

«Серёжа!?» - вдруг испуганно встрепенулась Сима, ведь Сергей никогда так быстро не ездил, но по звуку мотора, она без труда определила, «Да, это была его машина». Потом шум затих, значит остановился и раз не проехал дальше, то это должен быть всё-таки Сергей.

Сердечко Симы трепетно забилось. «Случилось что? Что-то тут не так. Ой не надо было рассказывать Тамарке про Сергея. Не к добру всё это».

Симе хотелось вскочить и побежать скорее туда, к дому Сергея, чтобы своими глазами убедиться, что всё в порядке, но взглянув на мать, она так и осталась сидеть на месте. В кухне опять воцарилась тишина. Все сидели и слушали. Им почему-то казалось, что это не всё, что вот вот произойдёт ещё что-то, нечто ужасное. Но кругом по прежнему было тихо. Посидев ещё минут двадцать в тягостном ожидании, они стали успокаиваться и уже было решили, что на сегодня достаточно начаёвничали и пора убирать со стола и идти в дом. Шум пустого ведра и лай Бурана, подействовал как хлопок стартового пистолета. Первой во двор Сергея влетела Сима, за ней, тяжело дыша вошла Галина Николаевна.

По началу они ничего не поняли. Машина стояла не во дворе, как обычно, а за воротами. Дверь в дом была распахнута, Сергея не было видно, но свет нигде не горел, хотя было уже достаточно темно. Подойдя поближе к дому, Сима с ужасом заметила большой тёмный предмет или мешок, лежащий в проходе. Сделав ещё парочку шагов, поняла, что это не мешок, а человек.

- Сергей Васильевич? - дрожащим голосом позвала она, - но он даже не пошевелился.

- Серррёжа?! - уже чуть ли не крича позвала она.

- Мама, это Серёжа, он почему-то молчит и даже не шевелится. Ой мамочки, я боюсь, а вдруг его убили? Надо срочно позвать милицию и врача. - уже со слезами на глазах запричитала Сима.

- Да погоди ты паниковать. Тут что-то не так.

Обойдя Симу, которая как будто приросла к земле, Галина Николаевна нагнулась поближе к Сергею, чтобы послушать, бьётся ли у него сердце.

- Уф! Ну и запашок. И когда это он успел так набраться. Что-то не похоже на него. Ну чего стоишь? Иди помоги мне занести его в дом, не оставлять же его здесь одного на всю ночь.

- Жив! Живой! Серёжа, Серёженька. Да как же это тебя так угораздило напиться? Я сейчас, я вот только свет включу.

В этом доме ей знакомо было всё. Но вот где находится выключатель, она не знала, и стала судорожно нащупывать его по всей стене и в этот момент зацепилась ногой за пустое ведро. Ох уж это ведро, будь оно не ладно. Чуть ли не до смерти напугало.

В этот момент щёлкнул выключатель, Галина Николаевна нашла его быстрее.

- Ой, мамочки! Его убили - опять испуганно заверещала Сима.

- Тут кровь. Целая лужа крови. Мама, но он же не умер, правда. Серёжа!

Серёженька, ну не молчи. Скажи хоть что-нибудь.

Приглядевшись повнимательнее, Галина Николаевна, поняла, что это была вовсе не кровь, а скорее всего вода, пролитая на коврик из ведёрка. А кровь была только чуть-чуть на его виске, поцарапанном во время падения.

- Да живой он, живой.

Первым делом они попытались перевернуть его на спину, а потом посадить. Ну и тяжеленный бугай. С трудом прислонив его к стене, Галина Николаевна стала шлёпать его по щекам, надеясь хоть как-то привести его в чувство. Для первого раза это подействовало. Он слегка приоткрыл глаза и вдруг неожиданно громко закричал: «Оставте меня в покое, я не больной и в больницу с вами не поеду». Закончив свою пламенную речь, он тут же закрыл глаза и свесил голову набок.

Мать с дочкой недоумённо переглянулись. Чего это с ним? Может действительно врача вызвать. Но где уж тут, среди ночи врача найдёшь? Пока до телефона доберёшься, будет уже поздно. Надо действовать самим и как можно быстрее.

- Так, Сима, быстро принеси воды, полотенце и это ведро поставь поближе. Попробуем прочистить ему желудок. Ты случайно не знаешь, марганцовка у него дома есть? Ладно, не ищи, быстренько беги к нам домой и принеси нашу, ты знаешь она в маленькой баночке из под пиницилина. Но сначала подай мокрую тряпку и полотенце.

Пока Сима бегала домой, Галина Николаевна стала протирать ему лицо, смоченным в воде полотенцем. Осторожно вытерла запёкшую кровь с виска, рана была небольшой, но всё равно обработать её не мешало бы. «Эх надо же, забыла сказать Симе, что бы она ещё и бинт с зелёнкой прихватила. Ну ничего, сбегает ещё раз» с досадой подумала она. Прохладное полотенце тоже оказало своё действие, и Сергей, опять попытался приподнять голову и улыбнулся.

- Мама, ты приехала меня навестить. А я вот тут лежу, но ты не думай, я не больной, это я так. Мама, почему ты так долго не приезжала. А то я всё один, да один тут. И никому не нужен, и никто меня не любит. А я вот сейчас встану, сейчас вот...

Сергей попытался встать, но опять беспомощно свесил голову.

- Эх, Серёжа, Серёженька. Ну совсем ещё ребёнок. Ну разве так можно, глупенький - всё приговариала Галина Сергеевна и заботливо протирала ему лицо, шею мокрым полотенцем, но на Сергея, это уже почти не действовало, он только всё пытался улыбаться и шептал заплетающимся языком «Мама, маммочка, прости, яяя нне хотел тттак»

Непривычный к действию алкоголя организм Сергея, всё больше и больше сдавал позиции. Его тело становилось вялым и стало постепенно заваливаться набок.

- Да что же это такое. Серёжа! Сергей! Сейчас же возьми себя в руки. Ну где же это Сима запропостилась?

В этот момент дверь распахнулась и на пороге появилась Сима, держа в руках кучу баночек, и бинты.

- Тут всё. И марганцовка и йод и зелёнка и бинты - одним духом выпалила Сима.

- Молодец. А теперь живо набери в банку воды и подкрась её марганцовкой. Литра три я думаю ему хватит. Пока не поздно, надо промыть ему желудок, а то совсем сгорит.

Процедура не из приятных, для любого здорового человека, а тут и тем более, в полусознательном состоянии. Но они справились. Галина Николаевна впервые за столько лет с благодарностью вспомнила эти два года, что она подрабатывала в больнице. Всё, чему она там успела научиться, ухаживая за больными, сейчас было весьма кстати. Жаль только не было нашатыря, но с криками, да с похлопыванием по лицу, им удавалось на какое-то время пробудить его сознание, и как только он открывал глаза, пытаясь понять, где он и что с ним, как они тут же заставляли его пить. Ещё и ещё, и так до тех пор пока... Ведро тут оказалось весьма кстати. Ох уж это ведро, ему бы памятник поставить. Но для начала надо было поставить на ноги Сергея. И они его поставили, и взяв с обоих сторон под руки повели к кровати.

Рубаха и штаны были конечно мокрые, но это уже не так страшно. Это всё можно снять и заменить, хотя для сна и этого не требуется. Через две минуты, он уже лежал на своей кровати, плотно укутанный одеялом и спал. Всё, дело сделано и можно идти домой. Но Симу это как то не очень успокаивало, а вдруг ему опять плохо станет? Она вопросительно посмотрела на мать.

- Мам, ты иди, а я здесь останусь, покараулю его чуть чуть. А то вдруг ему опять хуже станет.

Галина Николаевна с сочувствием посмотрела на дочь.

- А надо ли? Видишь, уже спит как ангелочек. Ну как знаешь, но только смотри, чтобы часом тебе хуже не стало.

- Ой мам! Да чего ты. Что со мной станет, я же не пьяная. А дома я всё равно не смогу уснуть. А утречком, до того как он проснётся, я прибегу домой.
Так что всё будет хорошо. Как там говорят и волки целы и овцы сыты.

- Ну смотри мне овца. Лишь бы потом не пожалела.

- Мамочка, ну что ты так боишься. Всё будет хорошо.

С этими словами, Сима чмокнула мать в щёчку, а та ещё раз вопросительно взглянув на дочь, а потом на Сергея, подошла к его кровати. Даже при слабом освещении было заметно, как покраснело его лицо, то-ли от того массажа, при помощи которого его пытались привести в чувство, то-ли действительно ещё не весь алкоголь вышел.

- Возьми чашку с холодной водой и прикладывай ему на лоб мокрое полотенце почаще. У него повидиму начался жар. Ну ладно, я пошла.

Сима, проводив до двери мать, тут же вернулась к кровати. Жалостливо взгянув на него, она слегка улыбнулась «Бедненький, ишь как тебя угораздило»

С перебинтованной головой, он был похож на раненого солдата, «бойца невидимого фронта», как наверняка назвал бы себя Сергей, если бы в этот момент смог себя увидеть. Но увидеть себя не возможно, тем более на невидимом фронте, но зато хорошо было видно небольшое красное пятнышко, след от бандитской пули. «Ничего, до свадьбы заживёт. Ой! А чего это я тут стою?» - и Сима как бы очнувшись от своих мыслей, вся встрепенулась и занялась подготовкой своего боевого поста.

Принесла с кухни табуретку, чашку с водой, полотенце, парочку тряпочек. Закончив с приготовлением, тихонько присела на краешек кровати и смочив тряпочку водой, стала осторожно прикладывать её ко лбу, вернее к тем местам, которые были ещё свободны от бинтовой повязки. Маленькая капелька скатившись с её мокрой руки, упала и тут же скатилась по шее Сергея, от чего он слегка вздрогнул и потянулся рукой к этому месту. Сима, схватив сухое полотенце, тут же её вытерла, при этом приговаривая: «Спи, спи Серёженька. Я рядом, я с тобою. Через полчаса, жар у Сергея спал, и Сима убрав мокрые тряпки в стороны, не удержалась и нежно погладила его по лицу. Он слегка улыбнулся ей. Она тут же отдёрнула руки. «Ой, чуть не разбудила» тревожно подумала она и замерла в ожидании. Но он по прежнему спал. Минут через пять она опять слегка прикоснулась к его щеке, он улыбнулся снова. Ей это понравилась. Ах, как он сладко улыбается. Она не выдержала и слегка прикоснулась к его губам ещё, но теперь уже не рукой, а своими губами. Потом ещё, и ещё. Похоже, что он всё-таки проснулся. Но отступать она уже не хотела, ведь ей вдруг стало так хорошо с ним рядом. И он, так и не раскрыв глаза, прижал её к себе и стал горячо целовать её в губы, в щёки, в шею. Ах Серёжа, что ты делаешь? Где то там в глубине души она всё ещё пыталась сопротивляться, кричала сама себе, сейчас же встань и беги поскорее отсюда! Но чем громче звучал этот голос, тем сильнее она прижималась к нему.

А потом это всё кончилось, как кончается гроза. Гроза, которая свирепствует и бушует и кажется, что этому не будет конца. Но и она проходит, так же как и явилась, и только редкие капли дождя ещё чуть-чуть напоминают об этом буйстве стихии. Раскаты грома уходят всё дальше и дальше и вот уже только слабые вспышки молний прощально сверкают вдали и наступает тишина и покой.

Сима лежала прижавшись спиной к Сергею. Рядом с ним ей было тепло и спокойно, и только голос совести, уже не такой громкий и яркий, как те последние вспышки молний, всё ещё пытался докричаться до неё. О боже! Что ты наделала?! Ну и пусть. Она даже и заметить не успела, как тихонько уснула.

****

Ровно без пяти шесть, Сергей проснулся, но глаза открывать не стал. По старой привычке, он лежал и ждал звонка будильника. Но в этот раз, что-то было не так. Он хотел было потянуться в кровати и тут же понял, что именно не так было в это утро. Он был не один. Рядом с ним, нежно прижавшись к нему спиной лежала она. Сознание потихоньку начало раскручивать назад плёнку прошедших событий. Но это получалось с трудом. Слегка побаливала голова и что-то там мешалось. Вроде похоже на бинт. Неужто подрался вчера вечером. Но с кем? Не с ней же. Вон как сладко спит. Как это всё таки приятно, проснуться рано утром, а рядом она, вся такая тёплая, мягкая, нежная и пахнет как-то особенно приятно. Сергей уткнулся носом в её шею, наслаждаясь запахом её тела услащённого нежными женскими духами. Он поцеловал её в шею. Она только ещё сильнее прижалась к нему. Потом ещё и ещё. И опять была гроза и бушевали громы и молнии сверкали с неистовой силой.

- Уф! Здорово то как! Ну Сергей Васильевич! Ну вы даёте. А ещё кто-то сомневался в моих способностях. Стоп, а кто это рядом со мной? Это же ведь не... - Сергей, слегка утомлённый, хотел уж было прилечь и расслабиться на подушке, но так и застыл на пол пути.

Почувствовала это и Сима. Она резко соскочила с кровати, и стала застёгивать пуговки халата.

- Сима?! Ты? А что ты тут делаешь?
- Тебя дурака спасала?
- И это у тебя очень даже здорово получилось - с улыбкой проговорил Сергей и слегка прикрыл глаза,

погружаясь во власть только что пережитых приятных ощущений.

Звонкая пощёчина, да ещё такая сильная, что искры из глаз посыпались, словно в новогоднем фейерверке, вернули его к действительности.

- Дурррак! Ты бы видел себя вчера вечером. Свои пьяные глазки ты там совсем по другому прикрывал. Если бы не моя мама, не известно, открыл бы ли ты их вообще. И ещё. А чего это ты так удивился, когда меня увидил? Ты что, ожидал здесь другую увидеть. И кого это, если не секрет?

- Таммм. Там что дверь открыта была? - полушёпотом спросил слегка оглоушенный Сергей.

- И дверь открыта была, и ты в стельку пьяный с пробитой головой в дверном проёме валялся. И где же это ты так набрался? Ты что, ничего не помнишь?

- Да нет, почему-же. Помню. Мы телевизор обмывали, вернее его починку. Он это, сломался, а я его починил.

- И у кого это ты так хорошо починил телевизор, не у Тамарки случаем?

- Ну хотя бы и у неё, а что?

- А то что ты не первый, кто ей телевизор ремонтировал. Ну и кто ты после всего этого теперь? Кобель ты Серёжа! - злобно выкринув эти слова, Сима резко повернулась и побежала к двери.

- Но у меня с ней ничего не...

В этот момент дверь с шумом захлопнулась.

- Не было. Ну и кто вы после этого, Сергей Васильевич? Осёл. Дурак. Кретин. Идиот. Ах да что там говорить - и он снова лёг на подушку, вернее не лёг, а почти упал, тут же схватившись за голову. Больно. Бедная головушка, и за что ей такое наказание. То гладят, то бъют. То руками, то ведром...

«Вот это я влип. Вот это сюрпризик! Никто не поверит. А никто мне и не нужен. Мне нужна только одна. Только чтобы она поверила. А она уж точно не поверит и не поймёт» подумал Сергей. Голова хоть и ныла слегка, но не настолько, чтобы не почувствовать, как по телу стала разливаться приятная усталость. Думать не хотелось, хотелось только одного спать и кушать. С этими мыслями он тут же заснул, но уже через 15 минут, как Штырлиц, метался по кухне в поисках чего-нибудь съедобного.

Глава 9
Возвращение Бумеранга

Время для Сергея в это утро как будто бы остановилось. Он ждал и никак не мог дождаться вечера, чтобы пойти к Симе и всё ей объяснить. Какое-то новое чувство поселилось в его душе, и стоило ему хоть на минутку отвлечься от своих дел, как его тут же одолевали эти приятные воспоминания прошедшего утра. Он никак не ожидал, что ему с ней будет так хорошо.

«Эх, если бы каждое утро вот так просыпаться, рядом с ней. Как это было бы хорошо. Ну просто замечательно». И он сам того не замечая, начинал улыбаться и радоваться этому открытию.

- Сергей Васильич, ну так как, вы отпустите меня сегодня пораньше, а то я жене обещал, у неё сегодня день рождения. - прервал его мысли комбайнёр.

- А? Что? Пораньше. Жена говоришь ждёт? Ладно, иди.

- Только вы это, вы не думайте, я всё отработаю - всё ещё не веря своим ушам, обрадованно бормотал тот. Время было горячее, стояли последние пригожие деньки. Надо было спешить вовремя убрать урожай и каждый человек был на счету. Шансов, что отпустит было нуль, а тут вдруг такая удача.

Время приближалось к обеденному, и желудок как обычно начинал требовать своё. «Ну что-ж, пока доеду до правления, там и время к обеду придёт. А здесь полный порядок и можно уже завтра рапортовать о досрочном сборе урожая на этом участке».

Минут через двадцать он был уже почти на месте и никак не мог решить, что сделать вперёд: заехать сначала в правление, пока все ещё там и не сбежали на обед, а потом в столовую и перекусить самому, или наоборот? Пожалуй уж лучше поесть для начала самому, а то в правлении могут и задержать, тогда вообще без обеда остаться можно.

Оставив машину на своём обычном месте, он бодро зашагал к столовой, но чем ближе он подходил к двери, тем медленнее и нерешительнее становились его действия. Там в столовой он несомненно мог встретить Тамару. Но после всего того, что случилось вчера.... Хотя собственно говоря, чего это он так распереживался, ну подумаешь, с кем не бывает. Сделав по инерции ещё несколько шагов и уже взявшись за ручку входной двери, он отчётливо вспомнил «Да ты больной, Серёжа!»

Словно от раскалённой сковородки, Сергей быстро отдёрнул руку от дверной ручки, повернулся и пошёл к машине. «Ладно, куплю что-нибудь в нашем продуктовом и дома соображу что-нибудь на скорую руку, а сейчас в управление, надо успеть как можно скорее решить с главным бухгалтером вопрос оплаты сверхурочных». Застать в это время главного на своём рабочем месте шансов было мало. Он обычно уезжал обедать домой, но попытка не пытка, может всё таки ещё успеет. Но тут как говориться мы предпологаем, а он распологает и этот мир так быстро измениться не может, вернее такие люди, как Феликс Абрамович, самим себе отказывать не любят. На своём рабочем месте его конечно же не оказалось, хотя до начала обеденного перерыва было ещё полчаса, но зато Сима как всегда, была на своём боевом посту и не одна, а в обществе своего одноклассника Вовочки. Этим Вовочкой можно крышу дома подпирать. Несмотря на свой столь юный возраст, он уже успел вымахать на два метра росту и с высока созерцал этот мир. Но в душе это был по прежнему робкий и застенчивый мальчик. Он недавно пришёл из армии и устроился водителем. Он так понравился директору, что тот тут же сделал его своим личным шофёром. Если до службы в армии на него почти никто не обращал внимания, то теперь он стал важной персоной и настоятельно требовал величать его не иначе как Владимир Ильич. Но для Сергея он был и останется Вовочкой.

Подойдя к столу Симы и видя, как рядом с ней важно расселся этот самый Вовочка, он небрежно спросил её: «А этот тип что тут делает?»

- А это тебя, это вас Василий Сергеевич не касается.

- С каких это пор он стал рассиживать здесь как у себя дома?

- А это вас тоже не касается. У нас обеденный перерыв и мы сейчас будем пить чай с конфетами, которые я по блату у Томки достала.

- О! Неплохая идея. И я бы тоже не отказался.

- И это вас тоже не касается, уважаемый Василий Сергеевич. Чай вы пить будете с Тамарой. Она вам и чего покрепче налить может.

- Чего это с тобой, Сима? А главный где и когда в управлении появится?

- И это вас не касается. Ой извините. Главный будет после двух. Может что передать ему соизволите.

- Да, соизволю. Жалобу, на то что его сотрудники, в рабочее время на рабочем месте занимаются чем угодно, но только не тем что положено.

- А это не вам тут решать, чем я должна заниматься на рабочем месте. И вообще если вы и дальше собираетесь со мной разговаривать в таком тоне, то попрошу покинуть помещение. А не то...

- А не то что?

- А я вот Володю попрошу и он вам так бока натрёт, что мало не покажется. Правда Владимир Ильич?

Володя, никак не ожидавший столь бурного развития событий, стал медленно приподниматься со своего места. На какой-то миг их взгляды встретились, а потом его глаза стали подниматься ещё выше и выше. Положение было явно не в пользу Сергея. Но не драться же ему здесь с этим пацаном-переростком.

- Да ну вас. Пейте свой чай на здоровье. А главному передай, что я к нему заеду в три. А чай я могу и у себя дома попить. Спасибо за угощение.

В сердцах хлопнув дверью, Сергей выскочил как ошпаренный из здания управления. «Ну и дела. Такого он даже и во сне себе представить не мог. Что за муха её укусила? А ведь ещё сегодня утром была такая нежная и ласковая. Мир перевернулся. И как ему со всем этим теперь дальше жить? А надо ли? Чушь какая-то. Хотя сам же совсем недавно говорил ей, что будет только рад, если она встретит хорошего парня, и что они просто друзья. Вот и встретила, но почему-то радости от этого мало. Ладно, ещё не вечер. Поживём увидим. А сейчас не мешало бы чего-нибудь и пожевать».

С этого момента у него пошла, нет, просто попёрла чёрная полоса невезения. На следующий день не вышел на работу комбайнёр, повидуму перебрал, празднуя день рождения жены. А чуть позже выяснилось, что его вообще не будет целый меяц, бедняга сломал себе руку. И где он теперь другого найдёт, и это в самый разгар жатвы. Так что пришлось ему крутиться и за себя и за того парня. Потом сломался его уазик, заглох мотор на половине пути и он оставив машину на обочине был вынужден добираться до полевого стана на попутной машине. Вот так в один миг он стал безлошадником. Мотоциклом обзавестись он не успел, а на велосипеде далековато. Пришлось на время перебраться на полевой стан и пожить там. Это было и хорошо и плохо.

Хорошо, потому что не надо думать о пропитании. Плохо что его розарий остался без присмотра. Бедные розочки, теперь уж наверняка засохнут без него. Но просто так сдаваться он не собирался и пару раз ему всётаки удалось побывать дома. У одного из механиков был мотоцикл, на котором тот иногда гонял к себе домой, он то и выручил Сергея. Но слишком часто тоже не получалось, свободного времени не было совсем. Работали весь световой день. Так что попав на ночь домой он только и успевал полить цветы и тут же заваливался спать, ведь рано утром, ещё до восхода солнца, его уже ждали в обратный путь. И ничего тут не поделаешь, комбайнёр всё ещё ходил с гипсом на руке, его верный друг и помошник, старенький Уазик, стоял где-то на пол пути между полевым станом и гаражём. Но сильно горевать было некогда. Он ведь мужик, он выдержит. А они там и без него разберутся. Кто это они?

Не важно, но и забыть просто так о них он тоже не мог, вот и являлись они ему в мыслях, то Тамара, то Сима, а то и вообще «маленький» Вовочка.

А однажды этот Вовочка настолько обнаглел, что явился к ним на стан живьём и потребовал от него ключи от машины, взамен этого вручив ему небольшой узелок, гостинец от Галины Николаевны. Развернув его, Сергей был приятно удивлён, увидев целую гору домашних пирожков, которые к тому же ещё были совсем тёпленькие.

- Ребята, гуляем! Налетай кто смел - радостно воскликнул он и тут же взял один пирожок. Но второго пирожка он так и не успел попробовать, потому что пробывать было уже нечего. Тут так, как в большой семье, варешку не разевай. А пирожки то какие вкусные были.

- Владимир Ильич! Владимир Ильич!? А где наш Володя?

А его уж и след простыл, и только где-то там далеко ещё виднелся пыльный столб, Володя спешил домой. Он ведь тоже был на работе и его ждали другие дела, да и шеф по головке не погладит за эту самовольную отлучку. Через три дня Володя вновь объявился на стане, правда в этот раз без пирожков, но зато с ключами от его машины. Сказав при этом, что она снова на ходу и ждёт своего хозяина в гараже. Вот это Вовочка, вот это молодчина. Сергею осталось только попасть в гараж. «Ну что-ж, мы люди не гордые, можем и в ножки поклониться. Вот уж не думал, что за помощью к нему обращаться придётся».

Но обращаться не пришлось. Володя сам предложил ему свою помощь и был готов подбросить его до гаража, а за одно по пути, обсудить кое-какие дела. На людях как-то неудобно говорить об этом. Сергей весь внутренне напрягся, приятного от этого разговора он не ожидал.

Первое время они ехали молча, но так продолжаться долго не может. Рано или поздно, но придётся это сделать.

- Ну так какое там у тебя ко мне дело Владимир Ильич. Мельком взглянув на Володю, он вдруг улыбнулся, представив как за рулём сидит Ленин. Наш Ильич! Вождь всех племён и народов.

- Ну так чего молчим? Говори, я ведь теперь у тебя в долгу, и чем смогу помогу.

- Ну как бы это вам сказать - начал нерешительно Володя.

- Вы не могли бы мне продать цветы?

- Какие ещё там цветы? Я цветами не торгую.

- Ну эти ваши розы. Понимаете, я тут осенью жениться надумал, а она так розы любит. Ну так как продадите? Я вам заплачу сколько вы попросите.

- Так значит ты жениться надумал. А не рановато ли?

- Да нет же в самый раз. Я ведь с ней ещё до армии встречался. Тогда мы ещё просто так дружили. Но ещё до армии я для себя решил, что если дождётся меня, то мы поженимся.

- Значит ты для себя решил. Ну а она? Она то как? У неё ты хоть спросил?

- Ну а то как же, да и мама её не против. Им то вдвоём без мужика не сладко живётся. Сами же прекрасно знаете, каково тут в деревне. Ну так как, продадите?

- Нет, не продам.... Я вам их так подарю, в качестве свадебного подарка.
Так ты говоришь она розы любит? Вот не знал.

- Ой любит, ещё как любит, ну просто обожает. А я ради неё всё сделаю, хоть на край света пойду, но цветы ей достану.

- Ну зачем же так далёко. Считай, что они уже у вас дома стоят.

- Но мне не сейчас они нужны, а попозже. А сейчас я попрошу вас, пожалуйста, вы уж присмотрите за ними как следует. Я ведь вам и машину ради этого починил, что бы вы домой почаще заглядывали, а заодно и за ними получше приглядывали.

- Ну что-ж, долг платежом красен. Будут тебе на свадьбу розы. Это я тебе обещаю.

- Ну вот и отлично. А я уж думал, что вы мне откажите из-за тогдашнего чаепития с Серафимой Михайловной.

- Да уж куда там. Раз она так решила, то так тому и быть. Как там у вас с ней, всё нормально? - с замиранием сердца спросил Сергей.

- Нормально, конечно нормально, а то как же. А по другому и не должно быть - уже совсем радостно ответил Володя.

- Ну и ладненько - ему в тон, попытался ответить Сергей, но на этом весь его положительный настрой кончился. Думал ещё спросить насчёт дня свадьбы, но передумал, когда надо будет, тогда и узнает. Остаток пути не проронили ни слова, ни один, ни другой. Каждый думал о своём.

Володя весь сиял от счастья и уже видел себя с большим букетом роз и её глаза, полные любви и нежности. Ну а то, что у него могут быть непрятности из-за повторной самовольной отлучки, так это всё пустяки. Мелочи жизни. Да и в концето-то концов, он не для себя, а для дела старался. А то негоже это, агроном, как простой комбайнёр, торчит безвылазно на полевом стане.

У Сергея мысли были в обратную сторону. «Значит она тоже розы любит и замуж уже собралась. А он ничего, вроде парень не плохой. Зря наверное я его Вовочкой зову. Вон даже отчество Симы знает. Внимательный какой, не то что он, всё Сима да Сима. А Сима, она молодец, как это она лихо его за дверь выставила. Так ему и надо». Тут он вспомнил про бумеранг, который когда-то запустил сам. Вот он и вернулся. Получи деревня трактор. Но ему не трактор был нужен, а его машина. А Вове значит его Сима нужна. Вот и поделили. Весело было нам, всё делили по полам.

Никогда не надо думать за других, это может плохо кончиться. Но эти знания мы приобретаем уже тогда, когда действительно уже всё кончилось. А это плохо, очень плохо.
****

Вот и Сима, сама того не ожидая, наговорила кучу гадостей Сергею. Правда в начале ей это показалось очень правильным. Ну и пусть, пусть теперь он помучается, походит в её шкуре. Но чем больше проходило времени, тем сильнее мучили её угрызения совести. Она ведь сама залезла к нему в постель, а потом ещё его и обругала и пощёчину дала. Бедненький, ему и так в ту ночь досталось, а тут ещё она, как сумашедшая налетела на него. А ведь она ему понравилась, как он мило тогда улыбался, весь счасливый такой, а она ему рраз и врезала. Ну и дура же. Теперь близко не подойдёт. А тут ещё эта история с Володей. Как это всё не вовремя. А он ведь свою Наденьку так любит и всё боится потерять её, жениться осенью собрался.

Прошло несколько дней. Сергея не было видно, совсем пропал. Дома не ночует, в конторе не появляется, наверное всё-таки к Томке перебрался. «А Томка, то же мне, хороша подруга. Мужики - кобели. А сама-то взяла и увела у меня Серёжу. Нет, я этого так не оставлю».

На следующий день, Сима, закрыв контору на обед, отправилась в столовую на разборки с Тамарой. Уж она то ей космы точно повыдирает, что-б впредь не повадно было чужих мужиков отбивать. Но зайдя в столовую, которая в это время до упора была набита желающими что-либо перекусить, да ещё как можно скорее, она растерялась. А надо ли ей это делать? А может ему действительно с ней лучше будет. Она его и накормит и напоит. Ох, что-же ей теперь делать? Ну ладно спрошу хотя бы как там у них дела? С трудом протиснувшись сквозь толпу людей, она добралась до Тамары, которая была занята обслуживанием посетителей и не сразу заметила Симу. А она всё стояла в стороне и думала с чего начать разговор. Она прекрасно понимала, что поговорить нормально в этой шумной обстановке не получится, и поэтому просто так, но как можно громче и непринуждённее крикнула ей:

- Тамара! Привет!

- Ой, Сима здравствуй. Как хорошо, что ты пришла. А ты не знаешь где Сергей и что с ним? А то не заходит к нам совсем. Уж не заболел ли он часом?

- Нннет, не знаю. А я думала ты, хоть что-то знаешь - тихо ответила Сима - он ведь у тебя был и наверное опять к тебе ушёл.

- Не слышу! Да говори ты пожалуйста погромче. Куда ушёл?

- Я не знаю - уже почти криком ответила Сима и повернушись, стала выбираться к выходу.

Выбравшись из столовой, она наконец смогла спокойно вздохнуть и ещё раз тщательно всё обдумать. Подойдя к зданию правления и увидев там председательскую машину и самого председателя, нервно вышагивающего около двери, она тут же прибавила шагу и стала на ходу доставать из своей сумочки ключи.

- Где это вы Серафима Михайловна гуляете. Я уже битый час здесь стою и не могу попасть в свой кабинет.

- Да я только на минутку отошла.

- Знаем мы эти ваши минутки. Небось подружку встретила и застряла с ней, а я тут стой как охранник, как будто у меня больше других дел нет, как эту дверь охранять.

- Но, у вас же должен быть ещё один ключ.

- И что же по вашему, я теперь должен с собой все ключи таскать?

Сима поняла, что дальнейшее пререкание с начальством к добру не приведёт, и решила как можно скорее сгладить острые углы. Всё равно своей правоты не докажешь, а только ещё больше разозлишь его.

- Всё, всё. Уже открываю. Я смотрю у вас сегодня тяжёлый день был. Последние дни вы всё в разъездах. А нельзя ли кого-нибудь другого послать. Нашего главного к примеру или агронома?

- Ну спасибо за совет. Ты же сама прекрасно знаешь, что главный стар для таких поездок, да и что он там решить может? Это тебе не дебит, кредит высчитывать или бумажки с одного угла в другой перекладывать. Тут надо с людьми работать. Ну а другой хоть и молодой и горячий, тоже маху дал, отпутил на свою шею комбайнёра домой, а тот возьми и заболей. Теперь вот отдувается за него, то же мне благодетель. Пожалел он видите ли его. Машину свою загнал, теперь не дай бог и комбайн загонит, тогда я с него точно три шкуры спущу. Ну ни на кого нельзя положиться. Всё самому проверять и организовывать.

- Да вы так не волнуйтесь пожалуйста, я вам сейчас чайку заварю на травах, по рецепту, который мне достался от одного хорошего человека.

- Чайку говоришь? А я бы сейчас и чего по крепче выпил. Но раз ты говоришь чайку, то давай попъём чайку. А твоего хорошего человека я знаю. Ты мне о нём уже не раз рассказывала. Ну что-ж, как там один поэт сказал: «Чаи гони, гони скорей варенье!»

- А варенье у меня тоже есть, но оно уже по рецепту моей бабушки.

- Да знаем мы и твою бабушку и её варенье. Но довольно уже об этом. Меня дела ждут. А ты как всё будет готово, милости просим.

Ай да Сима! Какая ты молодец. Тебя можно в разведчики записывать вместо Штирлица. Вот так одним махом и от себя удар отвела и узнала где Сергей.

Теперь она знала, где он и как помочь ему. А помочь ему можно очень просто, надо отремонтировать его машину. Эх и почему она не механик? И где его теперь найдёшь, этого механика в самый разгар уборочной? Но как это всегда в жизни бывает, когда ты начинаешь уже сомневаться и думаешь это конец, дальше тупик, вдруг открывается дверь и на пороге появляется он, спаситель.

За те несколько месяцев, что он у них проработал, она ужа смогла немного разобраться в характере этого парня.

Просить его о чём-то для себя или ради себя, а тем более ради Сергея, было бесполезно. Тут необходимо что-то другое. А вот что? И она нашла. Это была Надя, его невеста, на которой он собирался этой осенью жениться. Она всё думала, думала как бы её привлечь к этому делу и поняла, что её как раз таки уж лучше и не трогать. Но что-то такое здесь должно быть. Решение пришло совершенно неожиданно. Володя проболтался ей, что его Надя очень любит цветы, особенно розы. Вот оно решение проблеммы.

Эврика! Есть. Как бы невзначай, между прочим, она рассказала ему, что есть у них в деревне один человек, который выращивает розы, да такие красивые, что любую женщину с ума свести могут. Она сама их однажды видела, так мельком. Он туда посторонних не пускает. Жаль вот только, что скоро эту красоту придётся на мусорку выкинуть, потому что ещё чуть-чуть и они все пересохнут. Так как их хозяин, застрял на долго на полевом стане и не может попасть домой. А всё из-за того, что его старенький Уазик сломался и стоит где-то на середине пути между домом и полевым станом. А без него он сам понимаешь всадник-безлошадник. Вот если бы кто ему помог, то он наверняка отблагодарил бы его. А какие у него замечательные розы были. Жалько их, столько труда он в них вложил. Ещё недельку протянут и им конец.

Удар был в самую точку. Володя отреагировал моментально.

- И это то всего, починить старенький Уазик. Да я их знаешь сколько в армии перечинил. Так где говоришь машина стоит? Ах да видел, проезжали недавно мимо.

Он был готов тут же рвануть. Теперь уж не то что уговаривать, тормозить приходилось, а то не дай бог как бы дров не наломал. Но всё обошлось. Машину нашли и притащили в гараж. За два дня всё было готово.

Глава 10
Кто ты?

Лето как и уборочная кампания в стремительном темпе подходили к своей завершающей стадии. Осталось сделать последний рывок, пригнать комбайны домой. Но это уже забота не агронома, а главного механика и самих комбайнёров. Так что он может смело ехать домой. Да и погода, уже успела на столько испортиться, что приятного от перегонки техники ожидать было нечего. Небо всё чаще и сильнее заволакивали тёмно серые и тяжёлые тучи. И казалось, что вот вот, ещё чуть чуть и они не выдержав собственного веса упадут на землю. И они не выдержали и упали, вначале проливным дождём, а потом как говорят с переменным успехом. Грунтовые дороги развезло до безобразия и передвигаться по ним с каждым днём становилось всё тяжелее и тяжелее, особенно такой массивной и неуклюжей технике как зерноуборочный комбайн. Машины постоянно вязли в грязи, и приходилось брать их на буксир и почти волоком тащить до большака, туда где был проложен асфальт.

Сергей не поехал домой, он остался с ними. И его вездеходный Уазик тут оказался как раз к стати. Он гонял его от одного комбайна к другому, помогая вытаскивать их на твёрдый грунт. Осеннее небо с грустью провожало лето. С раннего утра, не переставая моросил мелкий дождь, но и это было бы ничего, если бы не ветер, холодный и пронизывающий тело со всех сторон. Но он не обращал на них внимания и временами ему становилось даже жарко. Главное на данный момент дотащить технику до большака, а там и домой можно. Баньку стопить, расслабиться. Дааа. Банька сейчас бы не помешала. А то знобит чего-то. Пустяки. Остался ещё один комбайн, и это был как раз тот самый, на котором пришлось поработать и ему.

«Ну нетушки, его то он как раз и не бросит. Ну что, мой конь железный, вытащим нашего друга». И железный конь, послушный воле хозяина тянул и тянул и вытянули. И вот уже все комбайны, как на параде, вытянувшись длинной цепочкой дружно потянулись в сторону родного посёлка. А Сергей, как генерал на белом коне, помчался вдоль всей этой колонны радостно приветствуя сигналом каждую машину. И они отвечали ему тем же.

Скоро, теперь уже совсем скоро, ну совсем чуть чуть осталось, и он будет у себя дома. Дома, где его никто не ждал. Ну почему не ждал? Ждали и даже очень. Его ждали розы. Как они там, небось совсем заросли. Он хоть и заезжал изредка домой, но сделать что-то толком так и не успевал. Главное полить вовремя, но и не слишком часто. Ну что-ж. Розы это прекрасно, но вот о своём пропитании подумать бы не мешало. Его правда все наперебой приглашали в гости, но он отказался. У всех свои семьи, дела домашние. Они ведь тоже не меньше его заслужили этот отдых. А тут вдруг ещё он заявится и будет мешать всем. Ну нет, уж тут он как нибудь сам. А потом, как посвободнее будет, можно и заглянуть. А пока что немешало заглянуть в продуктовый магазин.

В продуктовом было тепло и сухо и приятно пахло свежим хлебом. Народу было не много, так что ждать пришлось не долго.

- Ой Сергей Васильвич! Вы уже приехали. А что вы будете делать сегодня вечером? - весело затараторила молоденькая продавщица.

- Чего, чего? Стихи писать.

- Ой как романтично. А вы нам их почитаете? Вы знаете мой папа о вас так много рассказывал, вы такой замечательный человек. Вы прямо настоящий герой и так выручили его. Они с мамой будут очень рады, вас видеть.

- Ну спасибо большое тебе за приглашение. Только в гости я к вам потом зайду. Как там у отца рука? Заживает?

- Да заживает, заживает. Да вот он только так расстроился, что вас вот подвёл и слово своё не сдержал. Но он всё равно хороший, вы уж извините его.

- Да ладно уж, с кем не бывает. Я на него не в обиде, но так и передай. За приглашение конечно спасибо, но как нибудь в другой раз, а сейчас спешу домой, ждут меня там. Ну а насчёт стихов, то это я пошутил. Если честно, мне сейчас не до лирики. Стихи писать талант нужен, ну или хотя-бы вдохновение. Ну вот вроде и всё. Привет родителям.

Сергей расплатился и вышел на улицу. По главной улице, в посёлок заезжали комбайны. Зрелище то какое, аж дух захватывает. Ну прямо как первомайском параде в Москве. Хотя был уже не май, а конец сентября. Тепло, которым он успел запастись в магазине потихоньку улетучивалось. «Ну надо же какой противный ветер. Даже постоять не даёт спокойно. Когда ещё я такое увижу. Ну ладно, ладно уже иду» и Сергей зябко кутаясь в свою кожанную куртку зашагал к своей машине.

Уже сидя в машине, он мысленно представил свой дом, пустой и неуютный, где его никто не ждал. А потом вспомнил своего деда и улыбнулся сам себе. «А ведь и его никто не ждал. Но он то смог жить один и не один год, а десятки лет. И ничего, справился. Привык наверное, вот и он привыкнет. Да и почему собственно говоря он решил, что его никто не ждёт. Ждут и ещё как, его распрекрасные красавицы. Небось уже соскучились. Там теперь дел накопилось, невпроворот, так что скучать не придётся».

С этими уже более жизнерадостными мыслями он заехал к себе во двор и закрыв за собою ворота, прямиком направился в свой розарий. Его встретил нежный аромат роз. Кусты стояли ухоженные и аккуратно подстриженные. Он прошёлся несколько раз подряд вдоль грядок, внимательно оглядел каждый куст и самодовольно улыбнулся «Думаю, что Вовочка останется доволен, и она действительно получит самый красивый букет в мире. Интересно, догадается ли, откуда цветы? Конечно же догадается, она же была пару раз здесь и видела какие у него прекрасные розы. Его розы. А теперь вот получит их в подарок, к свадьбе. Ох уж эта свадьба». Уходить отсюда ему не хотелось и он посмотрев по сторонам, увидел ведро, то самое. Перевернув его кверху дном, поставил на землю и сел на этот импровизированный стульчик. «Ну надо же какая полезная штука. И воды тебе поможет принести и поддержать, если сильно устал. Вот так сидел бы и сидел. Но пора и честь знать. И чем скорее, тем лучше. Надо поскорее идти в дом, а там глядишь и баньку сообразить можно, и прогреться как следует, а то совсем продрог и куртка уже не греет».

В доме было холодно и неуютно, но он знал, что это всё исчезнет, стоит только растопить печку. И вот уже огоньки вначале робко и неуверенно, а потом всё ярче и веселее заплясами по поленьям. Дом стал отогреваться, а вместе с ним и Сергей начинал чувствовать, как и ему становится всё жарче и жарче. Переодевшись и перекусив на скорую руку, он опять вернулся к печи. Его знобило. Ему начинало казаться, что он уже никогда не согреется, но и идти и готовить себе баньку уже не было сил.

«Ладно банькой завтра займёмся, а сейчас спать, спать» и он достав самое тёплое одеяло, отправился спать. Всю ночь его мучили кошмары. Будто бы он совершенно голый, под проливным дождём бегал по земле с пустым ведром и ловил капли дождя, чтобы полить ими свои розочки. А земля была вся мокрая, липкая и скользкая и отовсюду из неё начинали расти руки, которые пытались его схватить за ноги и кто-то невидимый за его спиной всё звал его. «Серёжа, постой не уходи, ты мой, ты больной....» А потом ему стало жарко и он уже сидит в бане, а рядом стоит Лика и улыбается ему, а глаза её злые и холодные. В руке у неё веник, которым она начинает стегать его по лицу, всё сильнее и больнее. И вот уже это не веник, а оцинкованное ведёрко, которым она из всех сил пытается ударить его по голове, а он весь сжавшись кричит «Не надо! Не бейте меня. Мне и так больно» А она не унималась и всё пыталась ухватить его за руку и вдруг мужским голосом позвала: «Сергей Васильевич! Вам плохо?»

Сергей очнулся и открыл глаза. Перед ним с озабоченным лицом стоял Владимир Ильич.

- Сергей Васильевич, может врача?

Сергей раскрыл рот, и хотел сказать что не надо, и что он в полном порядке, но так и не смог. Во рту всё пересохло, язык словно одеревеневший с трудом шевелился во рту. Он молча встал и покачиваясь пошёл на кухню. Глотнул там воды, после чего стало немного легче и он смог наконец выдавить из себя парочку слов.

- Всё в порядке Владимир Ильич. Это я так, чуть - чуть. Через пять минут всё пройдёт. А ты я смотрю за розами пришёл?

- А может не надо? А может потом. Вам бы отлежаться как следует. А цветы я могу и после свадьбы подарить.

- Ну уж нет. Раз я обещал, значит сделаем. Пошли.

И он накинув на себя свою кожанную куртку, повёл его в Розарий, по дороге извиняясь, за беспорядок в доме. Мол, сам понимаешь вчера вечером только приехал. Сергей завёл его в эту импровизированную теплицу и сделав два шага, обернулся и посмотрев в глаза Петру с воодушелением воскликнул.

- Вот! Выбирай какие хочешь.

А Володя с восхищением разглядывал розарий и не мог поверить своим глазам. Вот это да! Вот это красота. Да тут действительно с ума сойти можно. Он всё стоял и боялся двинуться с места. «Ну нет, да разве можно такую красоту портить. Да у него просто рука не поднимется».

- Ладно стой здесь. Я сейчас приду - и Сергей с трудом протиснувшись между Петром и розовым кустом вышел обратно. А через минуту вернулся снова, но в этот раз уже с садовыми ножницами и тем самым ведром, наполовину заполненном водой.

Через десять минут, ведро было полным.

- Ну как, этого хватит? А свадьба то когда? Завтра. Ну что-ж поздравляю.

- Сергей Васильевич, а вы придёте?

- Приду, обязательно приду, только вот немного отлежусь и приду. А ты Володя иди, тебя невеста дома ждёт. И смотри, держи её покрепче в руках, а то они ведь такие, как птички, не успеешь и глазом моргнуть, как фьюить и нету.

Володя с радостной улыбкой, бережно держа в руках ведро, полное роз, гордо прошагал по двору, у ворот которого стояла его служебная машина, серая Волга. А Сергей, словно пъяный слегка покачиваясь направился к двери дома. Ему опять становилось плохо. В присутствии гостя он ещё пытался себя сдерживать, но теперь ему было уже всё равно. Зайдя в дом и скинув ставшую уже холодной кожанную куртку, он вновь почувствовал этот противный холод и слабость. Ладно, ещё чуть- чуть полежим и вперёд. Он всё пытался уснуть и согреться под тёплым одеялом, но это у него никак не получалось. Услышав в прихожей шум, он приоткрыл глаза и спросил.

- Ну кто там? Чего ещё надо?
- Это опять я, Сергей Васильевич.
- Ах, так это вы, Владимир Ильич. Что, не хватило цветов? Так это, ты теперь сам. Нарежь сколько тебе ещё надо.
- Да нет, Сергей Васильвич, теперь я за вами. Так дело не пойдёт. Вас надо срочно в больницу. И как это я сразу не догадался.

****

Галина Николаевна сидела на кухне со стопкой школьных тетрадок. Занятия в школе на сегодня отменили, но это только для детей, и она пользуясь этой небольшой вынужденной паузой, спешила поскорее разделаться со своим «домашним заданием». За окном мелькнула какая-то серая тень. Не успев толком разглядеть, что это было, она вышла из кухоньки и увидела председательскую Волгу, остановившуюся у дома Сергея. Ах, так это наш жених, Володя. Наверняка пожаловал к нему за цветами и она улыбнувшись тут же зашла обратно. Через минут двадцать эта же тень промелькнула обратно. «Вот уж невеста рада будет» вновь улыбнулась она, вспомнив всю историю с ремонтом машины. А Сима у меня тоже молодец, как это всё-же у неё здорово получилось. Тут как это она говорит «и волки целы и овцы сыты», и уже снова собралась углубиться в свою работу как вновь заметила, что всё та же самая тень мелькнула уже в третий раз. «Наверно чего-нибудь забыл, или цветов показалось мало?» Не выдержав силы давления своего любопытства, она вышла из куни ещё раз и увидела как Пётр придерживая под мышки, не твёрдостоящего на ногах Сергея, повёл его в дом. «Опять набрался. И когда это он успевает. Ну что за народ эти мужики, никак без пъянки жить не могут. А Володя тоже мне, хорош гусь. Вот тебе и скромненький мальчик. Ах, да что там говорить» - и Галина Николаевна в сердцах хлопнув дверью зашла обратно в свою кухоньку. А через две минуты, эта тень промелькнула уже в четвёртый раз, но уже намного быстрее. «Иш ты разъездился тут. То же мне гонщик».

Володя не был гонщиком, он вообще по натуре был даже очень спокойным человеком. Но он спешил, спешил помочь человеку. Они были уже в машине, как Сергей вспомнил, что забыл дома все документы, пришлось возвращаться за ними. В районной больнице свободных мест не оказалось и пришлось ему везти его в город. Да оно оказалось и к лучшему. Там и персонал был получше да и оборудование поновее. У Сергея признали двухстороннее воспаление лёгких, и пробудь он дома ещё часика два, неизвестно чем это всё могло кончиться. Одним героем на земле стало бы больше и одним человеком меньше. Но как говориться бог миловал. Человеком быть оказалось важнее.

Через две недели его выписали и председатель сам лично приехал к нему с приказом о его награждении путёвкой в курортный город Ялту, сроком на две недели. А так как вся основная работа закончена, то он получает отпуск сроком на два месяца и волен делать всё что хочет и ехать куда хочет. Кстати может и своих стариков навестить. Но для начала его ждёт Ялта. Билеты на самолёт уже заказаны и ждут его в аэропорту через два часа. А чтобы он не терял драгоценного времени, Владимир Ильич тут же отвезёт его туда. Выбора не было. Ну что-ж в Ялту, так в Ялту.

Глава 11
Ялтинская конференция»

Ялта встретила его влажным тёплым воздухом, морским воздухом. Выйдя из самолёта, он тут же почувствовал эту разницу, между воздухом там, на материке и здесь. Он дышал и не мог надышаться. Возникало такое ощущение, как будто он попал в рай. И это особенно остро чувствовалось после двухнедельного лежания на больничной койке, где каждое утро, он мог видеть только одно – белый потолок больничной палаты. И ещё, этот специфический запас больницы. В больнице хоть и было всё чистенько и стерильно, но этот её запах, наверняка до глубины костей впитался в его тело.

И вот теперь он здесь и скоро увидит ещё одно чудо - море. И не где-нибудь на картинке или в кино, а вот здесь, совсем рядом, буквально в двух шагах от него. В такие минуты радостного ожидания забываешь обо всём, и о плохом и о хорошем. Оно остаётся где-то там, сзади, на время уступая место новым ощущениям и впечатлениям. Отступает и терпеливо ждёт, когда же ты насытишься и успокоишься, что бы вернуться снова и захватить тебя в свои объятия с ещё большей силой. Но об этом потом, не сейчас. Не будем портить человеку праздник. Ведь он ожидает встречу с великим чудом природы, о котором так много сказано, написано и нарисовано, и которое можно так и не увидеть, прожив всю жизнь на земле.

Вот так и наш Сергей, много слыхал и читал о нём, но моря до сих пор не видел и всё пытался представить себе эту встречу с ним. Какое оно это море? Большое, синее и самое главное безбрежное, Чёрное море.

Получив номер в гостинице, он тут же отправился к морю. Он так спешил, что не видел ни людей ни дома, ни эти экзотические растения. Он видел только море, которое занимало уже половину горизонта и с каждой минутой становилось всё ближе и величественнее. И вот оно совсем рядом и он слышит его монотонное дыхание. Волны, одна за другой, небольшими валами катились ему на встречу и подобравшись совсем близко с шумным вздохом выплёскивали себя на берег. Октябрь это конечно не совсем курортный сезон, но для него уже и этого было предостаточно. Главное, что он наконец увидел море. Не выдержав, он сделал два шага поближе, желая потрогать воду. Какая она? Мокрая, холодная, солёная. Но море не делает исключений, оно всё так же с его монотонным постоянством плеснуло в Сергея очередной набежавшей волной. В самый последний момент, он всётаки успел отскочить от неё и только тут огляделся по сторонам и заметил, что такой он тут не один. Особенно заметно это было у детей. Они и не пытались скрывать своего восторга, радостно визжали и пищали, то убегая то догоняя эти неумолимо и бесстрашно набегающие и тут же разбивающиеся на миллионы брызг водяные валы.

Недалеко от него стоял пожилой мужчина и с пониманием улыбнулся ему.

- Море! - с радостный улыбкой воскликнул Сергей, - я первый раз в жизни, вижу море.

- Ну что-ж, тогда с боевым крещением.

- Да какое же это боевое крещение? Оно же вон совсем безобидное, даже ребёнок его не боится.

- Ну не скажите, всякое великое и могущественное начинается с малого. И сегодня вам выпала честь прикоснуться только к маленькой дольке этого великого. И сказать при этом, что теперь вы знаете какое оно, море, было бы крайне ошибочным.

- А чего ещё тут можно узнать? Ну соленое оно, ну большое, волны вот гоняет. Вернее не оно, а ветер.

Мужчина приветливо улыбнулся, а потом протянув руку, сказал:

- Михаил Сергеевич.

- Очень приятно. А меня зовут Сергей Васильевичем, хотя можно просто Сергеем и пожал протянутую ему руку.

- Ну что-ж вот и познакомились. Интересно бы знать Сергей, а вам знакома притча о трёх слепых и слоне.

- Нет. А какое это имеет отношение к морю?

- С одной стороны никакого, а с другой, самое непосредственное. Но об этом вы сможете решить сами. Итак притча. Трём слепым решили показать слона. Одного подвели к ноге, второго к уху, а третьего к хоботу. А потом порознь спросили их, что они могут рассказать об этом животном. Один ответил, что это столб, толстый и твёрдый как дерево. Второй сказал что это лист, тонкий и большой как лист лопуха. А третий сказал что это труба, гибкая и подвижная как змея. И кто из них по вашему был прав?

- Я думаю что каждый. Ведь они исходили из тех знаний, которые подчерпнули из своего жизненного опыта.

- Совершенно верно, вот так же и мы, иногда думаем, что абсолютно правы, хотя в тоже время можем сильно ошибаться.

****

Сергей был очень рад этому знакомству, из которого он подчерпнул много нового и интересного. Не только подчерпнул, но и думать научился по новому. Уже потом, несколько лет спустя, эти встречи он назовёт «Ялтинской конференцией». Правда с той самой исторической конференцией тут ничего общего не было. Просто ему очень хотелось подчеркнуть всю важность этого знакомства. Знакомства с этим интеллигентным и высокоэрудированным человеком. Его знания были настолько обширны, что казалось невозможно было хоть чем-то его удивить. Его самообладанию и выдержке можно только позавидовать. Особенно это чувствовалось при игре в шахматы. Если до этого, шахматы для Сергея были пустой тратой времени, то после общения со своим новым знакомым, он стал смотреть на них совершенно другими глазами. Времени у них было предостаточно да и погода в это время года не особенно баловала их солнечными денёчками. Но дышать свежим морским воздухом можно было и сидя на балкончике в гостинничном номере. Так что шахматы тут оказались весьма к стати. Но больше всего ему запомнились их прогулки по набережной. В это время года, народу там было мало и они могли спокойно прогуливаться и обмениваться своими мыслями и воспоминаниями. Правда такого богатого багажа знаний у Сергея не было и поэтому он большей частью молчал, слушая поучительные и занимательные истории из жизни великих людей. В последний день его пребывания там, он всё таки набрался смелости и попытался тоже сообразить что-то умное.

- Михаил Сергеевич, помните вашу притчу о слоне и трёх слепых. А ведь таких историй можно придумать сколько угодно. Вот к примеру возмём наши имена. Если их назвать постороннему человеку, который нас не видел и не знает, то он наверняка подумает, что я ваш отец, а вы мой сын. А если сообщить другому наш возраст, то получится совсем наоборот. Хотя в тоже время, в качестве отца по обоим параметрам вы больше всего подходите к одной моей знакомой, а точнее к моей соседке. Вы представляеете, я совсем недавно узнал её отчество.

- Как это так? У неё что нет отца? Вернее он что, их бросил и не живёт с ними?

- Вы представляеете, сколько я себя помню, Галина Николаевна всегда жила одна. То есть не совсем одна, с матерью и дочкой. И ещё, она ведь тоже как и вы, учительница. Но уж больно серьёзная и строгая такая, особенно к мужикам. Повидиму ей когда-то не повезло с мужчиной, вот она и затаила злобу на весь мужской род. А может и нет, может мне всё это просто показалось. У неё ведь дочка растёт, вернее уже выросла и недавно вышла замуж. Эх Сима, Сима - уже скорее самому себе под нос пробурчал Сергей и дальнейший путь они продолжили молча.

Молчал и Сергей Михайлович, обычно такой самоуверенный и спокойный, теперь выглядел растерянным и несчастным. Этой перемены в поведении нового знакомого Сергей по началу не заметил, но потом и ему всё же показалось, что тут что-то не то.

- Сергей Михайлович, вы меня пожалуйста извините, но вы чем то растроены? Мне кажется мой пример с именами оказался совершенно не удачным и вообще не подходящим ни к месту ни ко времени.

- Да нет, что вы Серёженька. Весьма к месту и ко времени. Просто в жизни бывает так много совпадений, что уже и не знаешь, где тут закономерность, а где просто случайное совпадение. Жалко конечно девочку, она то ни в чём не виновата. А может её отец просто не знает, что у него дочь растёт?

- Может и так. Но как об этом узнать? Да и возможно ли такое, чтобы он и не знал. Он что, спал всю дорогу?

- Да в том то и дело что не спал. Понимаешь, есть у меня один знакомый, так вот с ним подобная история и случилась. Хотя, как он сам говорит, вспоминать об этом уже бесполезно. Его поезд уже давным-давно ушёл. Конечно это всё не так то просто забыть, это просто не возможно забыть. Вот и мается он с тех пор один по белу свету. Вроде не глуп, а свою личную жизнь так и не смог наладить. По видимому не нашёл ещё своей половинки.

- А может та самая первая любовь и была его половинкой?

- Может быть, можеть быть. Ведь он до сих пор не может её забыть.

- Ну тогда за чем же дело встало, надо пойти и спросить её.

- Да в том то и дело, он бы пошёл, но куда?

- И всё равно, на его месте, я бы не сдался так быстро, и начал искать её. Кто его знает, а может она тоже всё ещё ждёт его. Так что тут ещё не всё потеряно. Не то что у меня. И знаю куда идти, да вот спрашивать уже поздно. Она вышла за другого замуж. И в этом виноват только я сам. Я ведь сам оттолкнул её от себя, сказав, что мы просто друзья. А ведь она меня так любила, а теперь разлюбила. Тут и ребёнку всё понятно, раз за другого вышла замуж, значит не любит. Я думаю не стоит больше о грустном. А не пойти ли нам и сыграть партейку в шахматы, вы же мне обещали на последок один шахматный трюк показать.

Но с игрой в шахматы у них так и не получилось. Оба играли весьма рассеяно и делали много ошибок, каждый думал больше о своём, о личном. Весь интерес к игре пропал и поняв это они решили, что не стоит продолжать дальше, а лучше разойтись по номерам и начать упаковывать вещи.

Михаил Сергеевич уезжал первым и Сергей пришёл проводить его, и ещё раз, на прощание пожать ему руку.

- Ну что-ж, Михаил Сергеевич, пора прощаться. Спасибо вам за всё. Был очень рад познакомиться с вами. Желаю вам благополучно добраться до дому. Будет время пишите, адрес мой у вас есть.

- И тебе за всё спасибо. А как приеду, напишу, обязательно напишу. Ну а насчёт твоей подружки скажу только одно, не спеши думать за неё, иначе можешь сделать большую ошибку. Ну а фамилия у неё то хоть есть?

- А то как же, Мельникова. У нас пол деревни Мельниковы.

При упоминании фамилии, рука Михаила Сергеевича вздрогнула.

- Не может быть... - тихо проговорил он в ответ. Но чего не может быть, Сергей так и не успел спросить, потому что подошёл автобус и все отъезжающие поспешили зайти в салон.

А через два часа уже и он стоял в автобусе везущего его к стоянке самолёта. Две недели пролетели как один день. Казалось только сегодня утром он ещё спускался вниз, и вот уже опять стоит перед этими ступеньками, но только теперь в обратную сторону.

Глава 12
Свадьба

Как часто мы любим поучать других. Ты должен сделать то, ты ещё не сделал это, ты не забыл, что ты должен... Должен, но не обязан. Где же эта граница между долгом и обязанностью. И ещё одно слово как нельзя к стати подходит к этим двум определениям: ЧЕСТЬ. На сколько уверенно мы можем сказать, что все эти понятия не чуждый нам элемент.

Сидя в самолёте Сергей всё пытался понять и определиться, как же ему теперь дальше быть. Должен ли он или просто обязан, заехать к своим родителям. Мать почитай уже года три не видел, только письма ей писал, да и те редко. Повидимому наступил как раз тот самый момент, когда он ещё не обязан, но уже должен это сделать. Дома его теперь всё равно никто не ждёт, с работой вроде тоже всё улажено. К тому же у него ещё отпуск целых два месяца, А при желании можно и ещё парочку недель прихватить.

«Ну что-ж, решено. Едем. Но для начала надо было прилететь домой, набрать тёплых вещей, гостинцев и вперёд. А может всётаки заскочить к Галине Николаевне, узнать как там Сима поживает с молодым мужем.

А надо ли? Только сплошные расстройства. Да и потом, они всё равно никуда не денутся. Сделать это он ещё десять раз успеет».

Вот так проездом, не глядя по сторонам, он заскочил к себе домой, по быстрому выбрал себе всё что нужно из тёплых вещей и тут же, так и не заглянув в свой сад и розарий, отправился в обратный путь. Конечно потом он об этом очень жалел, но тогда у него была ещё одна отговорка, которой он всё пытался прикрыть своё трусливое бегство. Такси. На нём он приехал домой, чтобы сразу же уехать обратно. Такси, как вы знаете ждать не любит, а если и ждёт, то только за деньги. А их у него, было не густо. Но на дорогу и дорожное пропитание хватало.

Ещё там в аэропорту, он дал матери телеграмму, что собирается приехать. Так что отступать было некуда, только вперёд и ни шагу назад.

И вновь как тогда, перед встречей с морем, всё его горькие мысли и переживания на время исчезли, вернее отошли на второй план. Он вновь был захвачен чувством ожидания, ожидания встречи с близкими и дорогими ему людьми. Но в отличие от первой встречи с морем, здесь было немножко по другому. Он ехал на маршрутном такси по улицам знакомого ему с детства города и сравнивал знакомые и незнакомые очертания, когда-то столь родного для него города. «Это и раньше здесь было, а это уже совершенно новое...» Город как и человек, в зависимости от того, сколько ему на роду выпало жить, либо быстро стареет и дряхлеет, либо с каждым годом становиться всё красивее и могущественнее.

Дома его уже все ждали. И мать и отчим, напряжённо вглядываясь в его глаза и пытаясь понять, какой он теперь стал? Сильно ли изменился и что у него теперь на душе. Да, он изменился, повзрослел, стал более спокойнее, рассудительнее, и даже более внимательнее к другим. Но он ничего не забыл. И теперь ему было стыдно смотреть им в глаза, за своё столь эгоистическое поведение и неуважительное отношение к ним. Только теперь он смог по настоящему понять и оценить, как дороги ему эти люди.

Чтобы хоть как то успокоить их и тем самым показать, что он уже не тот, он уже совершенно другой человек, он был предельно внимателен и заботливым к ним. Он старался показать, что отныне его интересует всё, что касается его родителей. Он задавал им бесконечное можество вопросов. А как там то, а как там это? А что стало с этим проектом и чем закончилась эта история с генподрядчиком и какие перспективы развития города на будущее? А что будет сделано для горожан? А какие имеются разработки в плане зелёных насаждений. Но чем дальше он углублялся в любимую его отчимом и ненавистную когдато для него тему, тем всё отчётливее понимал, что тут что-то не то. Первой не выдержала мать, и сказала: «Сынок, Юрий Николаевич больше не работает главным архитектором, он у нас теперь просто чертёжник, и очень даже рад этому. Правда Юрочка?» - и она подошла и обняла своего мужа, - и давайте больше об этом не будем. А ты я смотрю совсем взрослым стал, на своего деда очень похож. Ну а жениться ты хоть собираешься или как дед так и проживёшь всю жизнь бобылём? Мы ведь тоже уже не на столько молоды, что бы так долго ждать, а то ведь умрём, так и не понянчив внуков. Так что ты давай, с этим сильно не затягивай. Кстати как там эта девочка поживает, её кажется Симой зовут? Дед нам всё про неё писал, забавная такая девчушка. Он её как родную внучку любил.

- А Сима? Сима нормально. У неё всё в порядке, она со своей мамой живёт. Да и хватит уже об этом. А можно я пойду погуляю. Я так давно в этом городе не был.

Первое время ему здесь было очень интересно. Весь день он валялся на диване и читал книги, а вечерами ходил то в театр, то в кино, а то и на хокейный матч удавалось прорваться. А иногда просто бродил по улицам родного города, заглядывая в небольшие кафешки, чтобы чего-нибудь перекусить, а то и просто посидеть, на мир поглядеть. Всё это было так здорово и интересно, что первый месяц, как ему показалось буквально пролетел мимо. Зато вот второй? Постепенно эта праздная жизнь начинала действовать ему на нервы. О своём срыве с Тамарой он почти забыл, но всё чаще и чаще стал думать о Симе. Как она там, с молодым мужем? Небось счастлива и о нём даже и не вспоминает. Но хуже всего ему становилось вечером. Не смотря на довольно таки позднее время, заставить себя успокоиться и заснуть было не так то просто. Он всё ворочался, крутился и тяжело вздыхал, и стоило ему только лечь на бок, как тогда, там дома, то ему тут же начинало казаться, что она опять рядом с ним и очень близко близко, да ещё так близко. Он вновь начинал чувствовать теплоту её нежного тела и запах её волос. Но всё это теперь только казалось и преследовало его каждую ночь. Чтобы избавиться от этого наваждения, он тут же поворачивался на другой бок и пытался как можно скорее себя успокоить. Но долго лежать в таком положении он тоже не мог, и его опять, словно магнитом, тянуло вернуться в это мистическое положение. Помучившись ещё с полчаса, он не выдерживал, вставал с постели, брал с книжной полки первую попавшуюся ему книгу и читал до одурения. Читал до тех пор, пока смотрели его глаза, и пока в голове не появлялся туман, вязкий такой и липучий, не позволяющий до конца осмыслить суть прочитанного. И вот тогда, он выключал свет, ложил книгу на пол и засыпал, с раздражением замечая, что уже почти утро и для нормального сна у него почти не осталось времени. Если и дальше так будет продолжаться, то неизвестно, что с ним станет. Надо что-то предпринимать, но что? Домой ехать не хотелось, Лика тоже неизвестно где пропала. Но как ни странно о Лике он вспоминал всё реже и реже, зато вот Сима. С каждым днём она всё больше и больше занимала места в его внутреннем мире. Ещё чуть-чуть и кругом будет только Сима. По крайней мере он так думал. И в то же время прекрасно понимал, что и это всё бесполезно и безнадёжно. Она ведь теперь замужем, за этим водилой, как он просил себя там величать «Владимир Ильич». Тоже мне жених, нашёл себе Надежду Константиновну. Он то нашёл, но при этом забрал у него последнюю надежду на счастливое будущее. Ну что-ж, по видимому не судьба. И жить ему до конца дней своих в полном одиночестве, как его дед. А может это у них родовое проклятье? Да чушь всё это. Просто надо по меньше об этом думать, и всё наладится.

Ночью ему приснился сон. Он видел горы, высокие превысокие, покрытые белой шапкой снега, приглядевшись повнимательней он тут же заметил, что это не снег, а белая вуаль, а может быть и фата, и горы уже не горы, а красивая невеста, которая всё звала его к себе.

- Серёжа, Серге-ей! Да проснись же ты наконец. Тут тебе телеграмма срочная.

Сергей с трудом открыл глаза и увидел свою мать, протягивающую ему листочек бумаги.

- Почему они её нам прислали? Они что знали, что ты гостишь у нас?

- Мам! Ты можешь выражаться поточнее. Какая телеграмма и кто это они?

- На, вот возьми, прочитай сам, может ты что поймёшь.

Сергей взял листочек и прочитал. «Срочно передайте Сергею тчк Ждём на свадьбу свидетелем тчк Лика»

- Серёжа, а это случайно не та самая Анжелика, которая с тобой в одном классе училась?

- Та самая, мам, та самая.

- Такая стройненькая, худенькая, как тростиночка. И как только её ветром не сдувало. Нашла себе всё-таки подходящую пару. Ну и слава богу. А то я уж переживать стала. Не столько за неё, как за тебя. Ты ведь, насколько я помню, сохнул по ней когда-то.

- Мам, ну что за выражения, «тростиночка, сохнул», мы что, растения какие-то?

- Ну ладно, ладно Серёженька. Я же всё видела, я и сейчас вижу, как ты тут маешься. Случилось что?

- Ну мам, ну сколько раз можно говорить. У меня всё в порядке. Просто давно у вас не был. Вот и лезут в голову воспоминания всякие. Но ты не волнуйся, это всё скоро пройдёт. Я тебе обещаю, вот увидишь, всё будет хорошо.

- Почему будет? Значит тебе действительно не хорошо?

- Мам, ну ты опять? Лучше скажи, что я на свадьбу одену и что можно подарить молодым?

- Так ты что решил ехать?

- Ну а как же. Ведь у неё кроме меня, друзей больше нет. Так что я буду там один единственный, самый дорогой и близкий. И не просто друг, а ещё и свидетель. А это уже многому обязывает и для меня это дело чести, быть рядом при совершении этого очень серьёзного шага, одним из элементов которого является бракосочетательный процесс. И вот на этот процесс мы и поедем.

- Ты всё шутишь, а на душе небось кошки скребут?
- Мам, да нет там никаких кошек, их давно уже собаки разогнали. Всё. А теперь иди, а я ещё малость полежу и подумаю.

После бурных дебатов и дискуссий по вопросам одежды и подарков, Сергей с небольшим чемоданчиком в руках направился в аэропорт. Билетов как всегда не было, и если бы не мамины связи, то так бы и просидел он там до окончания свадьбы. Небольшой телефонный звонок и всё было улажено. Хорошо всё таки, когда у тебя такие пробивные родители.

И снова он стоял у трапа самолёта и новые места, манили своей неивестностью. Четыре часа лёту и он был на месте. Первое что он увидел, выходя из самолёта, это были горы. Высокие, покрытые белоснежной шапкой. Ну надо же, прямо как во сне. Но теперь это было уже наяву и горы были самые настоящие, да причём так близко, что казалось до них рукой достать можно. «Ладно, сначала надо решить вопрос с жильём, потом невесте с женихом себя показать, чтобы не переживали, а потом и в горы на пару часиков рвануть. Интересно, а до снега долго идти? Но! Всему своё время, а сейчас «Карету мне, карету!». Таксист, как будто его только и ждал. Автобусом ехать было бесполезно, город то незнакомый. Ну что-ж, вперёд и с песней.

Через полчаса он стоял у небольшого двухэтажного дома. Всё точно, согласно адресу в телеграмме и улица и дом сходятся, осталось только найти квартиру. Но это уже совсем пустяки. Но вот только почему так испуганно колотится сердце? Это наверное от горного воздуха, попытался сам себя обмануть Сергей, но поняв, что это не совсем утешительный довод, направился на поиски квартиры, указанной в телеграмме.

На звонок в дверь, откликнулся незнакомый женский голос.

- Кто там?

Сергей на минуту замешкался, раздумывая над тем, что ответить. Сказать «Сергей» или просто «Я», как то бестолково, но и попытаться объяснить закрытой двери кто он такой, желания не было. И тогда он просто ответил первое, что пришло на ум:

- Вы его всё равно не знаете.

Через минуту дверь открылась и на пороге в спортивном костюме, появилась женщина, зрелых годов, с ещё весьма привлекательной внешностью. Её голова вся увешеная бигудями, была уже первым признаком того, что он здесь по правильному адресу и подготовка к свадьбе идёт полным ходом. Женщина окинула его критическим взглядом и улыбнувшись ответила:

- Ну как же, как же не знаем. Вы Сергей, а я, Маргарита Борисовна - тётя Анжелики.

При слове «Тётя», в голове Сергея, словно вспышка молнии, возникла картина из его детства. Песочница, с разрушенным Песочным замком, и девочка плачущая в подол этой женщины. Кто бы мог тогда подумать, что через столько лет они встретятся. Вот и встретились.

- Здравствуйте. А мне бы Анжелику увидеть.

- Ну здравствуйте, здравствуйте. А Анжелики пока нет, но она с минуты на минуту должна подойти. Сами понимаете, свадьба дело хлопотное. Тысячу дел за день надо успеть переделать. А вы что одни, без подружки? Когда приехали? Небось голодны, пойдёмте со мной на кухню, я соображу вам чего-нибудь перекусить.

Там на кухне, пока Сергей пополнял свой каллорийный запас, он и узнал всё или вернее почти всё, что хотел узнать о Лике и о её женихе и о предстоящей свадьбе. Конечно не всё, что рассказала тётя ему понравилось, но деваться некуда, парочку горьких пилюль в свой адрес пришлось проглотить. Одно успокаивало, что это было всего лишь мнение тёти. Ну а что касается телеграммы на адрес родителей, то тут чуть ли не трагедия разыгралась. Дело в том, что ещё до свадьбы они решили освежить свою квартиру и затеяли большой ремонт. Ну а ремонт, сами понимаете дело такое, что после него ничего дома не найдёшь. Бедненькая, она так нервничала и переживала и собиралась уже свадьбу отложить, но к счастью у тёти сохранился старый адрес Сергея, вот они и решили рискнуть, и пригласить его через родителей.

- Да. Вам действительно повезло - слегка улыбнувшись, ответил Сергей, - если бы вы послали телеграмму на мой адрес, то я мог бы и не приехать. Ведь я был как раз в это время у своих родителей.

В этот момент, раздался звонок и тётя с радостным возгласом «Это наверняка Лика» побежала открывать дверь.

- Ты представляешь, как я была права, что мы отправили телеграмму на адрес родителей, Сергей приехал и он уже здесь, у нас на кухне.

Услыхав столь необычные приветственные слова, Сергей понял, что это она, Лика. Но теперь для него она была просто Анжелика.

В кухню вошла Лика, увешенная сумками, набитыми до отказа продуктами и прочей житейской мелочью, столь необходимой для свадьбы.

- Здравствуй Серёжа! Как хорошо, что ты всё-таки приехал. А то весь класс уже в сборе и только тебя одного нет.

- Как весь класс? Ты что, разве не на свадьбу меня пригласила?

- На свадьбу, на свадьбу. Но я решила заодно и вас всех снова вместе собрать. А то ведь столько лет не виделись. Интересно же. Я думаю и ты не будешь против.

- Я то конечно только за. Но вот что скажет твой жених?

- А что он сказать может, он у меня военный и что я ему прикажу, то и будет делать. Шучу. У него родни, как у меня, раз два и обчёлся. Он у мамы один единственный и я у папы, тётя не в счёт. Вот и решили, что каждый пригласит своих одноклассников и мы сыграем молодёжную свадьбу.

- Так ты говоришь военный, а в каких войсках службу несёт? И ты не боишься выходить замуж за военного?

- Ой Серёжа, да что ты тут говоришь. Мне ли бояться. Да я всю жизнь рядом с военными. А форма знаешь какая у них красивая?

Тут Сергей понял, что тётя всётаки права, сказав, что для Лики, мужчины лишь те, кто носит военную форму, а он значит, так себе. Всё ясно. Продолжать не надо. Строить новый замок было уже бесполезно, а от старого только пыль в глазах осталась, так что осталось только умыть лицо и руки. Уже столько времени прошло, а он всё не мог забыть свой «Песочный замок».

Глава 13
Трон Королевы

Свадьба прошла действительно по молодёжному, весело. Очень много танцевали, пили и ели и как всегда кричали горько. Поздно вечером, угомонившись, ещё долго сидели и вспоминали школьные года.

- А ты помнишь? - то и дело слышалось то за одним, то за другим столом. Сергей говорил мало, всё больше слушал. Слушал и вспоминал свою жизнь. Помнить то он помнил, но вот что теперь ему делать со всем этим, что он уже успел напортить за свои неполные 25 лет. Четветь века прожил, а ума не нажил.

Он так бы и просидел весь вечер один, если бы не его «учитель танцев».
Он как был, так и остался душа человек. Молодец Лёня, и как это у него всё запросто получается. Вроде ничего такого не сказал, а вот посидел рядом с ним, рассказал парочку весёлых анекдотов и в душе у Сергея вновь затеплилась надежда. Надежда, что это ещё не всё. Просто его время ещё не пришло. А оно придёт. Оно обязательно придёт, надо только собраться и прекратить это вечное нытьё. Ну кто же захочет с таким нытиком свою жизнь гробить. Конечно никто, да он бы и сам от такого в первый же день сбежал. Нет, он не нытик, он

сильный. И это он ещё докажет. Не им конечно, им это уже поздно доказывать, но вот себе самому, это точно. Всё решено.

Спасибо тебе Лёня. Ничего не сказав ему лично, он сказал самое главное.

Жизнь продолжается, и как она будет продолжаться зависит теперь только от него самого. В конце то концов, у него есть дом, есть сад, который ему достался в наследство от деда, у него есть и своё, его розарий с самыми красивыми розами на свете. Но если он ещё хоть на день здесь задержится, то и их может не стать, если уже не стало. «Бедненькие вы мои, совсем я про вас забыл. Ну уж нетушки, теперь я вас никому не отдам»

От унылого вида Сергея, не осталось и следа. «Домой! Как можно скорее домой». Утром рано, пока все ещё спали, он побыстрому распрощавшись с молодыми, помчался в аэропорт. Улететь так быстро домой надежды было мало, и тётя всё пыталась его уговорить остаться на недельку и погостить у них. А за это время она и насчёт билетов ему помочь сможет. У них же без знакомства так быстро ничего не достанешь. Ну что-ж если не улетит, тогда вернётся и погостит у них ещё недельку, тут уж как повезёт.

Можно верить в судьбу или в удачу, можно и не верить и говорить что это всё совершенно случайно, что это просто совпадение, но факт остаётся фактом, ведь именно с этого момента ему во всём стала сопутствовать удача. В аэропорту, в последнюю минуту, кто-то отказался лететь, и это место в самолёте досталось ему. С аэропорта до автовокзала, его подвезли родственники его нового знакомого, с которым он вместе летел домой. На автовокзале, всего на пять минут задержался автобус, водителя срочно вызвали в диспетчерскую, звонила его жена, спешила сообщить, что у него родился внук. И этих пяти минут, как раз хватило Сергею, чтобы успеть на этот последний рейс.

- Уррра. Жизнь продолжается. У меня родился внук,- прокричал на весь салон водитель автобуса.

А жизнь действительно продолжалась, да ещё так здорово. Всю дорогу пели песни и поздравляли счастливого дедушку. А уж он был настолько в приподнятом настроении и радовался как ребёнок, что раздобрился и стал останавливаться не только на остановках, но и по просьбе пассажиров подвозить их ближе к дому. «Ну и что тут такого, подумаешь, внук родился» размышлял про себя Сергей. Чувств этого новоиспечённого деда, он тогда так и не понял, зато весьма обрадовался возможности оказаться на много ближе к своему дому.

А вот и он, его дом. Побросав все свои вещи в прихожей, он тут же направился в свой, ставший ему вновь желанным, розарий. Он был взволнован не меньше, чем перед встречей со своей невестой. Невестой? Нет, уж лучше скажем просто любимой девушкой. Девушкой, которую давно не видел, по которой так соскучился. А их у него было много. Ну прямо целый гарем. Как они там, живы ли ещё?

Подойдя поближе, он заметил, что там кто-то есть. «Неужто Вовочка? Да нет, для Вовы вроде маловат. Но ишь какой хитрец, его рабочий халат на себя напялил. Ну воришка, погоди, сейчас ты от меня получишь. Чем бы его огреть? А хотя бы вот этим ведром».

Сергей взял в руку то самое, ставшее уже знаменитым ведро и стал потихоньку подкрадываться к незванному гостю. Он явно никого не ждал, и стоя к нему спиной и слегка нагнувшись, что-то искал под кустом, а может хотел просто выкопать куст.

- Бог помощь. И чего это мы тут делаем? - громко проговорил Сергей, держа по прежнему в одной руке ведёрко.

Застигнутый в расплох, воришка вздрогнул и испуганно обернулся.

- Сссима! - испугавшись не меньше и слегка заикаясь прошептал Сергей.

- А ты что тут делаешь?

- Фу ты... Напугал то как. Чего, чего, не видишь что-ли, цветы твои спасаю. Ты же их бросил, жениться помчался на своей Анжелке.

- Чего это ты тут болтаешь. С какой это стати?

- Ты же сам телеграмму в управление прислал. Просил продлить отпуск на одну неделю за свой счёт. В связи со свадьбой.

- Да. Это так. Но это не я женился, а Анжела замуж выходила.

- А какая мне разница, ты или Анжелка твоя. Ну и как теперь ты счастлив?

- Постой, постой. Так ты что, так и не поняла, что я был не на своей свадьбе, а на свадьбе Анжелы. Она вышла замуж за военного, такого как и её отец. Это уже давно была её мечта. Вот если бы я всё бросил и подался в вояки, может и у меня тогда появился шанс добиться её руки. Но увы, только ради этого носить военную форму я не собираюсь, хоть ты её всю орденами и медалями увешай.

- Как не собираешься? - тихо проговорила Сима и взявшись обеими руками за живот, стала медленно опускаться на землю. Сергей тут же подставил ей заботливо ведро. Не на земле же ей сидеть. Только теперь он заметил её слегка округлившийся живот.

- И куда это твой муж смотрит. Отпускает одну и ещё в таком интересном положении.

- А это не твоё дело...- но продолжать дальше не стала, и ещё немного помолчав, добавила - у меня нет мужа.

- Это как нет. Вы что, уже успели развестись. Или он скоропостижно скончался?

- А у меня его и не было. С горечью в голосе пробормотала Сима.

- Как это не было? А Владимир Ильич?

- Какой Владимир Ильич? Который что-ли на Надьке женился?

- На какой ещё Надьке. Скажи уж на Надежде Константиновне.

- О! Ты даже её отчество знаешь.

- Так это знает каждый ученик. И не только это, но и фамилию жены вождя всех народов и племён.

- Так это ты про Ленина что-ли?

- Нет, про нашего Ильича.

- Что-то я теперь совсем запуталась. При чём тут эти, когда я тебе говорила про наших, про Володю и Надю. Свадьба у них была, пока ты в больнице лежал.

- Так значит Вовочка не на тебе женился. А тогда это откуда?

- Ну и дуррак же ты Сергей. Пусти меня. Дай выйти, а то мне сейчас будет плохо, - и Сима потупив взгляд попыталась встать с ведёрка.

- Стой! Сиди! - скомандовал Сергей. И Сима опять присела на этот импровизированный стульчик, «Трон королевы».

- Так это значит мой?! Мой ребёнок. Это правда Симочка. Правда? - и Сергей встав перед ней на колени, взяв её руки в свои и прижав их к лицу горячо зашептал: «Симочка, миленькая, родная. Прости меня дурака если можешь. Прости пожалуйста. Ты для меня теперь самой дорогой человечек. Ты и наш ребёнок. И ещё. Я прошу твоей руки и сердца. Мне без тебя было так плохо. Прости.

Сима сидела на своём «королевском троне» и не могла проронить ни слова. По её щекам текли слёзы. Слёзы радости и облегчения. Наконец-таки свершилось. Но как же долго она ждала этого дня. Сколько упрёков и унижения ей пришлось пережить, сколько бессоных ночей она провела. Сколько раз была на грани отчаяния и готова раз и навсегда покончить со всем этим. И только это маленькое и крохотное существо, которое отныне она носила в себе, удерживало её от этого шага. Она всё стерпела и выдержала, потому что она любила и верила. Верила в то, что в один прекрасный день и на её улицу придёт праздник. И вот оно свершилось. Любимый мужчина склонился на коленях у её ног и просит руки и сердца. Что касается руки, то да, она согласна, а вот насчёт сердца? Как можно отдать то, что уже давно в его руках.

- Тебе не холодно? - прервал её мысли Сергей, - может в дом пойдём?

- Да нет, что ты, мне так хорошо, что вот так сидела бы и сидела.

- Как королева на царском троне. Правда трон уж больно оригинальный.

А ты знаешь, я бы ему памятник поставил. Удивительная вещь. Если бы оно тогда не загремело на всю деревню, то я так и остался бы всю ночь лежать у порога, и ты не пришла бы ко мне. Как я тебе благодарен за эту ночь. Я стал совершенно по другому к тебе относиться. После той ночи, меня как будто подменили. Но когда я понял, что нашёл свою судьбу, свою вторую половинку, я вдруг с ужасом осознал, что это случилось слишком поздно. В тот же день успел и потерять. Я решил, что теперь ты будешь меня ненавидеть, и уже вон замуж собралась за Вовочку. Какой же я был действительно дурак. Но теперь всё. Ни на шаг от тебя не отступлюсь и никому тебя не отдам. Теперь ты моя.

- Ишь какой прыткий. Я тебе пока никто, а ты меня уже в личную собственность записал.

- Да нет же, ты меня не так поняла, - и Сергей посмотрел в светящиеся радостью и любовью глаза Симы.

- Ладно, об этом мы потом успеем с тобой поговорить, а сейчас я, то есть мы пойдём к тебе домой, а то поздно уже, и я сдам тебя лично в руки твоей маме, а завтра приду опять и не один, а со сватами. Ну так как, ты согласна?

Сима слушала его и всё никак не могла поверить, что вот оно, её счастье, совсем рядом и что всё оказывается так просто. Нет, этого не может быть, поэтому и торопиться с этим не стоит. А он пусть подумает и взвесит ещё раз всё хорошенько. Ну а как надумает, пусть тогда и приходит. Он пока что ещё свободный человек. Ну зачем ему такая нужна?

- Ладно, Серёженька. Я думаю недельку тебе хватит.

- Недельку? На что?

- Как на что, чтобы обдумать всё как следует, взвесить и решить, нужна ли тебе такая жена. А вот как решишь, так и приходи.

- Значит недельку говоришь. Ну тогда извините меня, не получится. Потому что я уже опоздал. Вот если с месяцок или два, тогда ещё куда не шло.

А неделька, нееет. На недельку я не согласен, категорически. Да ты знаешь, сколько я уже об этом думаю? Ты даже себе и представить не можешь, вот прямо с той ночи и думаю, и если ещё и дальше думать надо будет, то тогда я просто не представляю, что я с тобой сделаю. Растерзаю.

И Сергей взяв Симу нежно на руки, понёс её домой.

- Ой, дурачёк. Пусти, а то вдруг уронишь.

- Не отпущу и не уроню, потому что ты для меня отныне дороже всех на свете. Потому что я люблю тебя. Слышишь люблю.

Поставив её бережно на землю у ворот её дома, он нежно поцеловал её и сказал: «Теперь можешь идти. А завтра ровно в шесть, жди гостей.

Всю ночь Сима не могла сомкнуть глаз. Она хоть и легла пораньше, что бы как можно быстрее скоротать время, но заснуть так и не смогла. Всё лежала с открытыми глазами и думала, думала и думала. На душе было тревожно и радостно. «А вдруг не придёт, а вдруг передумает. Мало ли чего может случиться. Вдруг встретит кого и наговорят ему с три короба всякой гадости про неё, а он возьмёт и поверит. Да нет же, он не такой, он ведь её тоже любит». Время тянулось на удивление медленно. Ну что оно так тянется, скорее бы уже утро.

Без пяти шесть она соскочила с кровати и взглянув на часы, заметалась по комнате. А вдруг в шесть утра придёт, а она ещё не готова. Но через десять минут осторожно присела на кровать. Да нет же, вечером. Своей Матери она пока что ничего говорить не стала, не хотела её лишний раз расстраивать. Ей и без того уже досталось. Вот придёт он, тогда сразу и скажет, а пока,... пока надо как следует приготовиться. Глядишь за работой и время быстрее пролетит.

Галина Николаевна озабоченно поглядывала на свою дочь. «Вчера вечером, что-то произошло, но что? Дочь как будто подменили, вернее это была опять та самая Сима, жизнерадостная и приветливая. Что же это могло быть, может встретила кого, хотя это мало вероятно. Ведь единственным человеком, который смог бы так резко изменить её настроение, мог быть только он. Но он уже здесь не появится, говорят женился на своей городской подружке. Да мало ли кто и что говорит. Хотя эту новость ей сообщила Сима. Ох, сколько же слёз было тогда пролито. А тут ещё эта беременность. Сбежал. А я ему так верила. Но по видимому ошибалась. Бывает. Ничего и без него проживём, выдержим. Она же смогла, выдержала. Но что-то уж больно быстро она про Сергея забыла. Вон, прямо таки вся сияет от радости. Нет, тут что-то не то и дочь ничего не говорит, молчит как партизан. Спрашивать бесполезно, придёт время сама всё расскажет. Вот взялась вдруг в доме порядок наводить. А чего тут наводить, и так уже всё убрано переубрано».

Закончив с уборкой, Сима предложила матери спечь чего-нибудь вкусненького, а то уже давно ничего не делали. Но по прежнему ни слова, только всё на часы, через каждые пять минут поглядывает. Ждёт кого-то в гости. Замесив тесто, решили заодно и на ужин, что-нибудь поинтереснее приготовить. «А что?! Не горевать же нам весь век. Пригoвим себе праздничный ужин, да такой, что все позавидуют» - радостно проговорила Сима.

Мать уже больше ничего не говорила, а только хитро спросила: «Ну и когда мы этот пир начнём?»

- Как обычно в шесть - не задумываясь ответила Сима и тут же прикусила губу. «Ой кажись проболталась» - Ну мы же всегда в шесть за стол садимся - пытаясь исправить ситуацию смущённо пробормотала Сима.

В пол шестого, кто-то осторожно постучал в дверь.

«Уж что-то, больно рано. Ишь не терпеливый какой» подумала Сима и тихо шепнув своей матери «Мам, это он, открой пожалуйста» убежала в свою комнатку.

- Да кто это, он? - крикнула ей в догонку мать.

- Ты его знаешь, открой увидишь - ответила Сима и исчезла за дверью.

Закрыв за собою дверь, Сима тут же прислонилась к ней спиной и стала ждать. Вот сейчас она услышит его голос или это будет кто либо из друзей.
«Интересно, а кого он позовёт в сваты?»

Прошла одна минута, потом вторая, но шумного разговора, как и пологается при подобных случаях она так и не услыхала. «Уж больно подозрительно тихо. А может с ней что случилось, может что с сердцем, вот дура я, ничего не сказала, а она там теперь лежит». Она резко открыла дверь и собралась уже кричать и просить о помощи, как тут же застыла на месте.

Посередине комнаты стоял незнакомый мужчина, по годам похоже мамин ровестник и с ожиданием смотрел на мать. На свата он не был похож, да и вообще он был не из местных. Уж своих она почти всех знала в лицо и по именам. Подойдя к матери и обняв её за плечи, она только спросила тихонько у неё: «Мам, а это кто?»

- Вот познакомся дочка, это твой отец. И что-же ты мне сразу не сказала, что он собирается нас навестить. А то бы я... - но договорить до конца она так и не успела, потому что в дверь вновь постучали, и не дожидаясь ответа, тут же вошли.

- Можно к вам хозяюшки? - зычно проговорил Владимир Ильич.

- А мы тут к вам не просто так, мы по делу, по купеческому. У нас вот купец-молодец, а у вас ...- но и он тоже так и не смог договить до конца, увидев в доме незнакомого человека. - У вас гости?

В этот момент из-за широченной спины Володи появился Сергей.

- Михаил Сергеевич!? А вы тут каким ветром. Вот так встреча! Только мой дом чуть дальше будет. Вы чуть чуть не дошли. Но раз вы уже здесь, то...-и Сергей тут тоже замолчал, догадываясь о смысле этого визита.

- Ну что-ж, гости дорогие, раз вы уже зашли, то милости просим к нашему столу. Мам, ну чего это с тобой. Ну что, так и будешь стоять и людей голодом морить? - взяла в свои руки бразды правления Сима.

- Извините, я кажется тут не вовремя - тихо проговорил гость и повернувшись направился к выходу.

- Как не вовремя!? - хором воскликнули Сергей с Симой.

- Михаил Сергеевич, вы ведь сюда не для того приехали, чтобы посмотреть в глаза, повернуться и уйти. Оставайтесь пожалуйста с нами, если хозяйка не против.

- Мам! Ну что ты всё молчишь. Ну скажи хоть чего-нибудь, - взмолилась Сима.

- А я что, разве его гоню, пусть остаётся. Но не могу же я его силком удерживать, если он сам этого не хочет.

- Папа! - Сима слегка запнулась и замолчала. Она впервые в жизни произнесла это слово, и не просто так, а своему отцу. И то, что он сегодня здесь, рядом с ними, тоже не просто так. Но об этом потом, а сейчас, сейчас надо помочь им сделать первый шаг на встречу другу другу.

- Пап! Слышь, что мама сказала, пошли к столу. Мам, ну чего это вы? У меня сегодня такой замечательный день. А вы совсем как не родные - сказав это, Сима кинулась на шею матери и расплакалась, причитая при этом: « Мама, мамочка милая, теперь у нас всё будет хорошо, вот увидишь».

Эпилог
Жизнь продолжается

Ну вот и всё. Пора заканчивать это путешествие в мой «Призрачный замок». Можно конечно продолжить и дальше, но это будет уже другая история. История которую напишут мои дети и внуки. А как это всё будет выглядеть, решать им. Ведь каждый из нас сам пишет историю своей жизни и сам выбирает свой жизненный путь. И ещё, не следует забывать, что думать и решать за других никогда не надо. Ну а что они о вас подумают или скажут, это их законное право. И осуждать их, за то, что не так подумали, тоже не стоит. Они просто не знают того, что известно вам. Только время сможет дать нам правильный ответ, да и то на короткий срок. Ибо всё течёт, всё меняется. И то что вчера было хорошо и правильно, сегодня может стать совершенно другим. Ведь и мы не стоим на месте, растём, развиваемся, претворяем в жизнь наши планы и мечты. Главное при этом всегда оставаться человеком и научиться мыслить самостоятельно. И не только мыслить, но и принимать решения и отвечать за них.

Понять это сразу дано не каждому, но каждый из нас сможет этому научиться, правда учиться придётся всю жизнь. Вот и я, вроде уже всё давно понял и знаю, но в то же время всё ещё учусь. У жизни, у друзей, у своих родных и близких, у детей и даже у внуков.

А сегодня у меня особенный день. У меня в гостях мои внуки. Близняшки - Миша и Маша. Старший сын Егор, решился всё-таки доверить их нам на одну недельку. И с сегодняшнего утра, они мои самые дорогие гости. Но я уже заранее знаю, вернее догадываюсь, о чём они будут меня просить. И хоть им всего-то по пять лет, они уже многое видели и многое знают. Но на нашей горке ещё не были, и на речке не купались, хотя весьма наслышаны об этом, от своих родителей и в особенности от отца. Он наверняка уже не раз им об этом рассказывал. Ведь это место, где прошло безмятежное и счастливое детство наших детей. Но дети, это дети. А вот внуки и внучки, это уже совершенно другое, нечто особенное. Мне об этом ещё мой дед говорил. Как же он всё-таки был прав. Ну что-ж, пора. Они ждут. Миша наверняка на гору захочет пойти, а Маша на речку потянет. Ну что-ж пойдём и на гору, посидим там на лавочке у одинокой берёзки, и на речку искупаться сходим. А может наоборот, сначала на речку, а потом и на горку сходить можно. Как же этот вопрос правильнее решить, что бы никого не обидить?

Но сам же только что говорил, что думать за других нехорошо, лучше для начала их спросить.

- Ну так как, куда пойдём сначала, на гору или на речку?

- Деда, а куда ближе? На гору или на речку? - ответил вопросом на вопрос внук.

- А это ты можешь и сам решить, если поднимешься на гору. С неё всё хорошо видно и речку и наш сад и наш дом. Ну так как, куда пойдём?

- Ну конечно на гору. Только Машу оставим дома, потому что она девчонка, а девчонкам там делать нечего.

- Это как же нечего, - не выдержала и заступилась за внучку Сима и продолжила - А ты знаешь, сколько раз я была там одна, когда вот такая же как вы маленькая была?

- Но с тобой всегда был Буран, - теперь уже не выдержал я.

- Бабуль, а кто такой Булан? А это такой ветел, котолый зимой бывает. А поцему он с тобой летом был?

- Стоп, стоп, стоп, - не выдержал опять я, этот ураган вопросов.

Мы сейчас же собираемся и все вместе идём на горку, посидим там малость, а потом и на речку махнём.

А вот и она, эта ставшая нам родной берёзка и скамеечка, теперь уже со спинкой, сидеть на которой одно удовольствие. Сидеть и наслаждаться жизнью, природой и окружающим тебя миром. А рядом с тобою внуки. Ох уж и непоседы. Но сидят, терпят и ждут когда же мы пойдём на речку.

- Ну что-ж, теперь можно и на речку. Вы как согласны?
- Ула! На лецьку! На лецьку!

Жизнь продолжается.

****

***

Виктор Кнейб (Viktor Kneib)
01.05.2013 (15.09.2010) – Hanhofen - Германия